Die Lösung des Theodizee-Problems

Die Lösung des Theodizee-Problems

Das System Gottes

KARL-WILHELM HOFMANN

Bibliografische Information der Deutschen Nationalbibliothek:
Die Deutsche Nationalbibliothek verzeichnet diese Publikation
in der Deutschen Nationalbibliografie; detaillierte bibliografische
Daten sind im Internet über http://dnb.dnb.de abrufbar.

© 2018 Karl-Wilhelm Hofmann
Satz, Herstellung und Verlag:
BoD – Books on Demand

ISBN: 978-3-7460-8377-3

*Für die kritische Durchsicht des ersten Entwurfs meines Buches
und die damit verbundenen wegweisenden Gespräche
gilt mein besonderer Dank:*

*Eli Fleckenstein
Alexander Hoffmann
Meiner Ehefrau Martha
Pfarrer Michael Neugber
Dr. Paul A. Schroeteler*

Inhaltsverzeichnis

A   Prolog

Ich wende mich mit diesem Buch an jeden, der nach Antworten auf die grundlegenden Fragen der Menschheit sucht: Wo kommen wir her, was ist der Sinn unseres Lebens, warum gibt es das Leid in der Welt, was passiert nach unserem Tod? Obwohl sich von alters her Philosophie, Theologie und Naturwissenschaften mit dieser Thematik befassen, ist es bis heute nicht gelungen, eine Theorie zu entwickeln, die diese Fragen in sich schlüssig und widerspruchsfrei beantwortet. Insbesondere versagen insoweit auch alle bekannten Religionen. Diese Lücke möchte ich schließen und die Fragen fundiert beantworten.

Ich werde später begründen, warum ich fest davon überzeugt bin, dass die Bibel die Antworten auf die gestellten Fragen liefert. Deshalb steht die von mir in diesem Buch entwickelte Theorie zum einen auf dem Boden der Bibel. Da es jedoch keine zwei Wahrheiten geben kann, sind das zweite Standbein meiner Theorie die Erkenntnisse der modernen Naturwissenschaften. Meine Theorie ist somit sowohl durch die Bibel als auch durch die modernen Naturwissenschaften gedeckt.

Weil ich neben den Naturwissenschaften die Bibel als Fundament heranziehe, wende ich mich im Besonderen an jene Christen, die Zweifel an der offiziellen Lehre ihrer Kirche und deren Auslegung der Bibel haben. Die Zweifel können daher rühren, dass

- kritische Fragen durch die Kirche überhaupt nicht beantwortet werden.
- Fragen als über unseren Verstand hinausgehend auf Gottes Ratschluss beruhend und deshalb als unmöglich zu beantworten erklärt werden.
- die Aussagen der Kirche in sich selbst widersprüchlich sind und die Gesamtlehre deshalb kein sinnvolles in sich logisch geschlossenen Bild ergibt.

- die Aussagen der Kirche in Widerspruch zu den Erkenntnissen der naturwissenschaftlichen Forschung stehen.

Die Zweifel an der traditionellen Auslegung der Bibel treten am deutlichsten bei der so genannten „Theodizee" auf. Gemeint ist damit die Frage, wie ein allmächtiger und gleichzeitig liebender Gott das unermessliche Leid in der Welt zulassen kann. Bisher ist es nicht gelungen, diesen Widerspruch befriedigend aufzulösen. Die traditionelle christliche Lehre liefert dazu eine „Standardantwort". Gott hat die Welt ursprünglich gut und frei von jeglichem Leid geschaffen. Die ersten Menschen, Adam und Eva, haben durch Missachtung der göttlichen Gebote gesündigt. Als Strafe Gottes kam das Leid in die Welt, das der Mensch nun als Folge seines Ungehorsams zu ertragen hat.[1] Da fragt sich der moderne Mensch natürlich: „Was habe ich denn heutzutage mit dem weit zurückliegenden ‚Verbrechen' von Adam und Eva zu tun?" Um aus dieser Klemme herauszukommen, erfand die Kirche die „Erbsünde". Adams und Evas Sünde vererbt sich immerfort auf alle nachfolgenden Menschen. Damit ist dann z. B. auch erklärt, warum selbst Kleinkinder großes Leid erfahren können, ohne dass man dann dafür Gott verantwortlich machen könnte. Ein Hintertürchen hält sich die Kirche allerdings noch offen. Sie erklärt, dass das Ganze „... *ein Geheimnis (ist), das wir nicht völlig verstehen können*"[2].

Natürlich passt diese Antwort weder zu einem liebenden Gott noch zu universell akzeptierten Moralvorstellungen. Es wird hier eine Sippenhaft als göttlicher Wille dargestellt. Was ist das denn für ein Gott, der mich für Taten verantwortlich macht, die ich persönlich nicht begangen habe? Und noch dazu aus diesem Grund großes Leid über mich bringt. Ein Gott, der seine Geschöpfe liebt und noch dazu ein allmächtiger Gott ist, würde niemals eine Sippenhaft begründen und auch das ganze Leid nicht zulassen. Immer mehr Menschen glauben wegen dieser Widersprüche nicht mehr an die traditionelle christliche Lehre von einem angeblich liebenden und gleichzeitig allmächtigen Gott.

Selbst der hoch angesehene und renommierte Theologe und Publizist Hans Küng kapituliert vor dieser zentralen Frage des Christentums. *„Wenn man sich seit Jahrzehnten mit all den Versuchen der Theodizee immer wieder beschäftigt hat, darf man es sicher so direkt sagen: Eine theoretische Antwort auf das Theodizee-Problem, scheint mir, gibt es nicht!"*[3]

Zusätzlich gibt es weitere, mit der Theodizee verwandte Fragen, auf die die christliche Lehre keine nachvollziehbaren Antworten hat:
- Wie kann es sein, dass der ewige Gott die Menschen ausschließlich aufgrund ihres Verhaltens während der im Vergleich zur Ewigkeit lächerlich kurzen Zeitspanne eines Menschenlebens be- und verurteilt? Warum bekommt man keine „zweite Chance"?
- Wo ist Gottes Liebe und Barmherzigkeit, wenn das Urteil **ewige** Verdammnis und **ewige** Höllenqualen sein kann?
- Wo ist Gottes Gerechtigkeit angesichts der Tatsache, dass ein Teil der Menschheit in guten Verhältnissen lebt, die deutliche Mehrheit jedoch in bitterer Armut?
- Kurzum, wo ist bei alledem Gottes Allmacht, Liebe, Güte, Barmherzig- und Gerechtigkeit? Einen Gott mit allen diesen Eigenschaften kann es doch offensichtlich nicht geben.

Es ist dieser Mangel an verständlichen Antworten, der zur Abwendung vieler Menschen vom christlichen Glauben führt. Die verkündete Botschaft ist weder verständlich noch widerspruchsfrei und deshalb für den aufgeklärten Menschen insgesamt unglaubwürdig.

Mit diesem Buch stelle ich eine Theorie vor, die nicht nur das Theodizee-Problem, sondern auch die anderen angesprochenen, verwandten Fragen nachvollziehbar beantwortet. Damit dies möglich ist, bedarf es einer **theologischen Revolution.** Die christliche Lehre muss neu durchdacht werden. Die Revolution muss dazu führen, dass die biblische Botschaft für den heutigen Menschen verständlich, widerspruchsfrei und unter Berücksichtigung der Erkenntnisse der modernen Naturwissenschaften verkündet wird. Dabei darf bei den neuen Ansätzen das Fundament des Christentums, die Bibel, nicht verlassen werden. Der Sinngehalt der biblischen Texte muss erhalten bleiben.

Nun werden Sie vielleicht einwenden, diese Revolution habe doch schon stattgefunden und sei noch in vollem Gange. Denn immer mehr „moderne" Theologen interpretieren biblische Aussagen abweichend von der herrschenden traditionellen christlichen Lehre. Einer ihrer bekanntesten Protagonisten ist der schon erwähnte Hans Küng, dem deshalb 1979 von Rom die katholische Lehrerlaubnis entzogen wurde. Diese Theologen fordern die „Entmythologisierung" der biblischen Berichte und berufen sich bei ihren Neuinterpretationen auf die Ergebnisse der historisch-kritischen Bibelforschung. Als Folge werden bisherige Kernpunkte der traditionellen christlichen Lehre über Bord geworfen. Jungfrauengeburt? Gab es nicht, ist eine Legende, die auf alten Mythen beruht. Wunder? Hat es nicht gegeben, sind Erfindungen der Evangelisten. Gottessohnschaft Jesu? Ebenfalls eine Legende. Jesu Worte? Wurden ihm größtenteils erst nach seinem Tod von den Evangelisten in den Mund gelegt. Auferstehung Jesu? Ja, aber keinesfalls wie in der Bibel berichtet: Keine Auferstehung von Jesu Leichnam. Der ist vielmehr genauso verwest wie der jedes anderen Menschen auch. Es gab lediglich eine „geistige" Auferstehung. Ist **das** nicht schon die erforderliche theologische Revolution, die die Widersprüche der bisherigen traditionellen Lehre auflöst? Aus zwei Gründen ist das eindeutig zu verneinen:

Erstens hat die „neue Theologie", die sich aus den Interpretationen der „modernen" Theologen ergibt, mit den Kernaussagen der Bibel nur noch wenig gemein. Der neue Ansatz verflüchtigt sich weitgehend ins Nebulöse. Die Aussagen sind wenig konkret und mit vielen Worten wird kaum etwas Fassbares gesagt. Die biblische Botschaft wird ausgehöhlt, die Basis der christlichen Lehre wird mehr und mehr verlassen. Ein Beispiel dafür ist Küngs Buch „Was ich glaube", in dem er seine neue Theologie zusammenfasst.

Zweitens liefert auch die „neue Theologie" kein rundes, widerspruchsfreies und in sich geschlossenes System. Ganz im Gegenteil werden neue zusätzliche Ungereimtheiten erzeugt, ohne die schon bestehenden zu beseitigen. Dass die alten Fragen nicht gelöst werden, bezeugt Küng selbst durch das bereits angeführte Zitat zur Theodizee.[3] Und wenn z. B. behauptet wird, Jesus sei nicht von Geburt an Gottes Sohn gewesen, sondern erst nach seinem Tod durch „Erhöhung" dazu geworden, führt das zu neuen Widersprüchlichkeiten, ohne bereits bestehende Zweifelsfragen zu beantworten.

Grundsätzlich ist der Weg der modernen Theologen richtig. Da die herrschende Lehre nicht schlüssig ist, stellen sie die verschiedensten Dogmen in Frage, z. B. „die Erbsünde" oder die „ewige Verdammnis". Dennoch scheitern die modernen Theologen, weil ihre neue Lehre genauso wenig zu einer insgesamt schlüssigen Lehre führt wie die traditionelle. Wie ich zeigen werde, ist der Hauptgrund für dieses Scheitern, dass sie insbesondere ein Kerndogma der katholischen Kirche bisher nicht entscheidend angegriffen haben. Nämlich die These, dass Gott die Seele des Menschen bei dessen Zeugung oder seiner Geburt erschaffe.

Die theologische Revolution muss also noch kommen. Ich versuche, diese Revolution anzustoßen. Dazu löse ich die traditionelle christliche Lehre nicht völlig auf. Ich korrigiere sie lediglich in entscheidenden Punkten, indem ich verschiedenen biblischen Stellen eine neue Deutung gebe. Gleichzeitig wende ich mich gegen die „Entbiblisierung" der christlichen Botschaft durch die „modernen" Theologen, deren neue christliche Lehre immer mehr von den Aussagen der Bibel abrückt.

Eine in sich stimmige christliche Botschaft muss zehn Fragen widerspruchsfrei beantworten können:

1. Was war vor dem Urknall?
2. Warum gab es den Urknall?

3. Wie konnte sich aus unbelebter Materie Leben entwickeln?
4. Wie kam es dazu, dass plötzlich neben dem biologischen, materiellen Leben das immaterielle Phänomen „Geist" auftauchte?
5. Hat der Mensch eine Seele?
6. Falls eine solche „Seele" existiert, überlebt sie den physischen Tod des Menschen?
7. Falls die Seele überlebt, wird sie dann von einer metaphysischen Instanz ausschließlich aufgrund ihres Verhaltens während ihres irdischen Lebens be- und verurteilt?
8. Wenn eine solche Be- und Verurteilung erfolgt, könnte dann das Urteil auf „**ewige** Verdammnis"/„**ewige** Qualen" lauten?
9. Was ist der Sinn unseres Lebens hier auf der Erde?
10. Wenn es tatsächlich einen Gott gibt, wo ist dann angesichts des Zustands der Welt, insbesondere des unermesslichen Leids der Menschen, dessen Allmacht, Liebe, Barmherzig- und Gerechtigkeit? Anders ausgedrückt: Was ist die Lösung des Theodizee-Problems?

Die Antworten müssen unter sich widerspruchsfrei sein und sowohl auf dem Boden der Bibel **und** den Erkenntnissen der modernen Naturwissenschaften stehen. Diesem Anspruch genügen weder die traditionelle christliche Lehre noch die der „modernen" Theologen noch irgendwelche anderen Theorien, Religionen oder Philosophien.

Ich unternehme mit diesem Buch den Versuch, eine solche christliche Lehre vorzustellen, die allen diesen Anforderungen gerecht wird und dabei auch die Theodizee beantwortet.

Da die katholische Kirche die wichtigste Repräsentantin des Christentums ist, stelle ich meine Thesen (nur) der Lehre der katholischen Kirche gegenüber, stellvertretend für alle christlichen Gemeinschaften. Ich halte das für zulässig, weil die Kernthesen, um die es in diesem Buch geht, von allen christlichen Strömungen vertreten werden, seien es nun Protestanten, Orthodoxe oder andere christliche Kirchen. Um deutlich zu machen, dass es mir generell um die von den verschiedenen christlichen Strömungen vertretenen Thesen geht und nicht nur um die katholischen Positionen, werde ich deshalb im Folgenden nicht von „der katholischen Kirche"/„der katholischen Lehre" sprechen, sondern von „der Kirche" und/oder „der christlichen Lehre".

Bevor ich nun die genannten zehn Fragen und damit auch die Theodizee detailliert beantworte, sind einige Vorarbeiten zu leisten. Wir werden uns zunächst einige Mosaiksteine erarbeiten. Bei diesen Mosaiksteinen handelt es sich um nichts grundsätzlich Neues. Dennoch werden wir jedes Steinchen etwas genauer betrachten, dabei neue Perspektiven gewinnen und einzelne Fragen anders als die traditionelle christliche Lehre beantworten. Besonders diese veränderten Sichtweisen und andere Antworten sind der Schlüssel für die widerspruchsfreie Beantwortung der zehn zentralen Fragen. Danach werden wir die einzelnen Mosaiksteine zu dem neuen Gesamtbild, zum **System Gottes und zur Beantwortung der Theodizee und anderer Fragen** zusammensetzen.

B   Zwei grundlegende Entscheidungen

Als Erstes mute ich Ihnen etwas zu. Sie müssen sich entscheiden.

Entscheidungen zu treffen, ist das Schwierigste im Leben. Bei letztlich unwichtigen Fragen fällt uns das nicht so auf. Ob wir im Restaurant ein Schnitzel essen oder doch lieber den Fisch, wird unser weiteres Leben nicht nachhaltig beeinflussen. Anders sieht es dagegen aus, wenn wir vor entscheidenden Weggabelungen auf unserem Lebensweg stehen. Soll ich ein Handwerk erlernen oder lieber studieren? Und welches Handwerk oder welches Studium? Ist Vanessa die richtige Ehefrau für mich oder doch besser Verena? Soll ich ein Haus bauen oder zur Miete wohnen? Möglicherweise lassen sich solche Entscheidungen auf dem weiteren Lebensweg wieder korrigieren. In aller Regel beeinflussen sie aber unser Leben zumindest für eine längere Zeit, wenn nicht für immer.

Wichtige Entscheidungen fallen uns deshalb so schwer, weil wir alle anderen Optionen damit ausschließen. Wenn ich mich für das Studium entscheide, werde ich nie erfahren, ob ich als Handwerker viel glücklicher geworden wäre. Und wie wäre mein Leben verlaufen, wenn ich statt Vanessa doch Verena geheiratet hätte oder gar ledig geblieben wäre? Je schwerwiegender die Konsequenzen einer Entscheidung für meinen Lebensweg sind, desto schwerer fallen sie uns.

Und welche Entscheidung mute ich Ihnen zu? Es sind sogar zwei:
• **Glauben Sie, dass es eine „höhere Macht" gibt?**

Nur wenn Sie „Ja" sagen, steht die zweite Entscheidung an:
• **Was ist das für eine „höhere Macht", an die Sie glauben? Was hat sie für ein Wesen, welche Eigenschaften kennzeichnen sie und für welche Werte steht sie?**

Auf den ersten Blick scheinen diese beiden Entscheidungsfragen für Ihren weiteren Lebensweg nicht wichtig zu sein. Bei genauerem Hinsehen kommt man jedoch zu der Erkenntnis, dass, abhängig von Ihren Antworten, Ihre ganze Lebensauffassung, Ihre Einstellung zum Leben unterschiedlich ausfällt. Es geht dabei nicht um die Frage, ob Sie ein glücklicherer, zufriedener Mensch sein können, wenn Sie sich für oder gegen eine „höhere Macht" entscheiden. Menschen, die nicht an eine höhere Macht glauben, können sehr wohl glücklich sein und auch ein moralisch untadeliges Leben führen. Umgekehrt ist die Welt voll von unglücklichen „Höhere-Macht-Gläubigen". Nein, es geht darum, dass Ihre Antworten auf die zwei Fragen Ihnen einen Kompass in die Hand geben, mit dem Sie Ihr Leben navigieren können. Gerade bei wichtigen, den Lebensweg beeinflussenden Entscheidungen hilft eine solche Grundorientierung enorm. Sie können gelassener entscheiden, sind zufriedener und mit sich selbst im Reinen.

B 1   Gibt es eine höhere Macht?

Wenden wir uns also der ersten Frage zu. Glauben Sie, dass es eine höhere Macht gibt? Es geht zunächst nur darum, ob Sie überhaupt an „irgendetwas" Höheres glauben. Noch nicht gefragt ist, was Sie sich genau unter dieser „höheren Macht" vorstellen. Die Frage nach dem Wesen einer höheren Macht wird nur dann interessant, wenn Sie annehmen, dass eine solche Macht überhaupt existiert.

Die meisten Menschen stellen sich irgendwann in ihrem Leben die Frage nach der Existenz einer höheren Macht. Einige haben versucht, die Existenz oder die Nichtexistenz einer solchen „Macht" zu beweisen. Diese so genannten „Gottesbeweise" werden in verschiedene Gruppen eingeteilt.

Die **„kosmologischen" Beweise** gründen sich auf der Lehre von der Struktur der Welt (Kosmologie). Sie versuchen, aus dem jetzigen Zustand des Kosmos die Existenz einer höheren Macht abzuleiten. Der griechische Philosoph **Aristoteles (384–322 v. Chr.)** erkannte, dass der jeweilige aktuelle Zustand der Welt das Ergebnis einer Ursachenkette ist. Wenn ich heute ein gebrochenes Bein habe, ist das dadurch verursacht, dass ich gestern beim Skifahren einen Unfall hatte. Ski bin ich gefahren, weil ich im Winterurlaub bin. Dort bin ich deshalb, weil ich dringend Erholung brauchte. Die war nötig, weil ich ein halbes Jahr praktisch ohne Pause gearbeitet habe, usw. Wenn man nur lange genug die Kette nach hinten verfolgt, landet man schließlich beim Universum und fragt nach der Ursache seines Entstehens. Auch der Kosmos in seiner Gesamtheit ist das Ergebnis einer solchen Ursachenkette. Es stellt sich nun die Frage, ob diese Ursachenkette unendlich lange, ohne Ende, zurückgeht. Oder gibt es eine allererste „Ur-Sache", die keine Ursache hatte. Aristoteles kommt zu dem

Schluss, dass es eine solche allererste „Ur-Sache" geben muss. Etwas, das nicht bewegt verursacht wurde, sondern schon immer da war. Dieses „Etwas" ist bei Aristoteles der „Erstbeweger", der die Ursachenkette ausgelöst hat. Anzumerken ist, dass Aristoteles diesem „Erstbeweger" keine bestimmten Eigenschaften zuordnet. Er „beweist" lediglich, dass es dieses „Etwas" gibt, ohne es näher zu beschreiben.

Bei näherem Hinsehen erkennt man, dass es sich nicht wirklich um einen echten Beweis handelt. Denn natürlich ist es auch denkbar, dass die Ursachenkette bis in alle Ewigkeit unendlich weit zurückgeht. Das widerspricht zwar unserer Erfahrung und unser Gehirn kann sich eine endlose Ursachenkette auch nicht wirklich vorstellen. Dennoch ist es eine theoretische Möglichkeit. Aristoteles' „Beweis" verschiebt das Problem auch nur. Denn wenn es diesen Erstbeweger gibt, stellen wir uns sofort die Frage: Wo kommt er denn her? Unsere Erfahrung und unser Wissen sagen uns: Aus nichts kann nicht „etwas" entstehen. Dass es „etwas" schon immer gibt, ohne Anfang und ohne Ende, ist für uns genauso unbegreiflich wie eine unendliche Ursachenkette zurück in die Vergangenheit.

Die Ontologie ist als Teil der Philosophie die allgemeine Lehre vom Sein. Bei den **„ontologischen" Gottesbeweisen** geht es deshalb darum, allein von der **Idee eines vollkommenen Wesens** auf seine tatsächliche Existenz zu schließen. Es wird versucht, Gott allein durch logische Gedankengänge zu beweisen. Namhafte Vertreter dieser Richtung sind der Philosoph und Theologe Anselm von Canterbury (1033–1109), der Dominikanermönch Thomas von Aquin (1225–1274) und der Philosoph und Mathematiker René Descartes (1596–1650).

Aristoteles war zu Beginn seiner Überlegungen grundsätzlich noch ergebnisoffen. Am Ende hätte sowohl ein „Gott" als auch kein „Gott" stehen können. Für Anselm, Thomas von Aquin und Descartes dagegen stand von vornherein fest, dass es einen Gott gibt. Es geht nur noch darum, das bereits feststehende Ergebnis „logisch" zu beweisen.

Es ist etwas schwierig, **Anselm von Canterburys** fünfstufigen Gottesbeweis nachzuvollziehen. Das resultiert hauptsächlich aus der von Anselm verwendeten Definition von „Gott". Dieser wird als „Das, worüber hinaus nichts Größeres gedacht werden kann" definiert. Zur Vereinfachung setze ich deshalb an einigen Stellen dafür einfach „Gott" ein. Dann lautet die Ableitung wie folgt:

a. Angenommen, es gibt tatsächlich **keinen Gott** (Das, worüber hinaus nichts Größeres gedacht werden kann).
b. Wenn es tatsächlich keinen Gott gibt, dann existiert er nur in der Phantasie.
c. Wenn Gott nur in der Phantasie existiert, dann kann ich mir dennoch einen Gott vorstellen, der die **zusätzliche** Eigenschaft hat, auch in der Wirklichkeit zu existieren. Es kann also etwas gedacht werden, das größer ist als das, über das hinaus nichts Größeres gedacht werden kann.
d. c. ist widersprüchlich. Denn es kann nicht sein, dass etwas gedacht werden kann, das größer ist als das, über das hinaus nichts Größeres gedacht werden kann.
e. Deshalb ist erwiesen, dass es „Das, worüber hinaus nichts Größeres gedacht werden kann" (Gott), tatsächlich gibt und nicht nur in der Phantasie.

Dass die Ableitung rein logisch richtig ist, erkennt man besser, wenn man die Ausgangsannahme umdreht:

a. **Es gibt einen Gott** (Das, worüber hinaus nichts Größeres gedacht werden kann).
b. Wenn es diesen Gott gibt, muss er sowohl in der Phantasie als auch in der Wirklichkeit existieren.
c. Denn würde er nur in der Phantasie existieren, dann könnte etwas gedacht werden, das größer ist als das, worüber hinaus nichts Größeres gedacht werden kann.

d. Also muss das, worüber hinaus nichts Größeres gedacht werden kann (Gott), auch wirklich existieren.

Anselms Beweisführung ist jedoch nur mit seiner speziellen Definition von Gott (Das, worüber hinaus nichts Größeres gedacht werden kann) schlüssig. Bei Verwendung einer anderen Definition, z. B. einfach „Gott", scheitert der Beweis schon an der dritten Stufe.

Thomas von Aquin griff bei seinem Gottesbeweis auf die Gedanken von Aristoteles zurück, erweiterte sie und verband sie mit der christlichen Glaubenslehre. Danach gibt es fünf Wege, die Existenz Gottes zu beweisen. Die ersten vier Wege sind klassische ontologische Argumente. Der fünfte stellt dagegen einen **teleologischen** (zielgerichteten) Gottesbeweis dar.

a. Bewegungsbeweis
   Das Universum und alles, was sich darin befindet, sind in ständiger Bewegung. Von sich selbst aus bewegt sich aber nichts. Also muss es eine Instanz geben, die die **erste Bewegung** in Gang gesetzt hat. Das kann nur Gott gewesen sein.
b. Kausalitätsbeweis
   Alles in der Welt hat eine Ursache. Die Ursachenkette kann aber nicht endlos zurückgehen. Es muss eine allererste Ursache geben, den Urgrund. Gott.
c. Kontingenzbeweis (Kontingenz = Zufälligkeit)
   Alles, was existiert, existiert nicht notwendigerweise. Es könnte genauso gut nicht existieren. Da es aber existiert, muss es eine Existenz geben, die alles geschaffen hat. Diese Existenz existiert aus sich selbst heraus. Gott.
d. Stufenbeweis
   Für alles in der Welt gibt es eine Werteskala. Schönheit, Tugendhaftigkeit, Wahrhaftigkeit usw. existiert abgestuft. Aus diesen Abstufungen folgt, dass es einen obersten, absoluten Bezugspunkt geben muss.

Dieser oberste Bezugspunkt vereint in sich alles in unübertreffbarer Vollkommenheit. Der Bezugspunkt ist Gott.

e. Finalitäts-(Zweck-/Ziel-)Beweis

Hier handelt es sich um ein **teleologisches Argument (teleologischer Gottesbeweis). Telos (griechisch) = Ziel. In der Philosophie im Sinne von „Zielgerichtetheit" verwendet.** Alles, was wir in unserer Welt vorfinden, ist zielgerichtet. Es gibt die Naturgesetze. Alles ist geordnet und bewegt sich auf ein Ziel zu. Selbst unbelebte Dinge, z. B. Planeten, die keinen eigenen Willen haben, „verhalten sich" zielgerichtet. Diese Ordnung, dieses „Verhalten" muss von einer höheren Instanz vorgegeben sein, ist auf ein Ziel gerichtet. Diese Instanz ist Gott.

Auch hier wird die Existenz Gottes nicht wirklich bewiesen. Die Beweise a. bis c. folgen den Gedanken von Aristoteles bzw. variieren sie. Es ist nicht zwingend, dass es einen ersten Beweger, eine erste Ur-Sache oder einen ersten Schöpfer geben muss. Es kann genauso gut z. B. eine unendliche Ursachenkette die richtige Antwort sein. Auch der Stufenbeweis ist nicht zwingend. Es kann genauso gut sein, dass es dieses angeblich vollkommene Wesen nicht gibt. Ähnlich ist es beim Finalitätsbeweis. Daraus, dass alles geordnet ist und Gesetzmäßigkeiten folgt, ergibt sich nicht zwangsläufig, dass ein planmäßiger Schöpfer dahintersteht. Die Ordnung kann sich auch zufällig ergeben haben. Es ist offenbar, dass Thomas von Aquin von vornherein an die Existenz Gottes glaubte, sie als wahr angenommen hat. Bei der Interpretation der von ihm korrekt beobachteten Phänomene hat er deshalb andere mögliche Antworten ausgeblendet.

René Descartes geht bei seinem Beweis gedanklich anders vor. Ausgangspunkt seiner Überlegungen ist, dass eine Wirkung niemals größer, besser sein kann als ihre Ursache. Deshalb hat auch alles in der Welt eine Hierarchie. Den Mensch sieht er als unvollkommenes, insbesondere endliches Wesen. Gott dagegen ist vollkommen und existiert unendlich, ewig. Der Mensch rangiert hierarchisch unter Gott. Wegen seiner Endlichkeit kann der menschliche Verstand nicht aus sich selbst heraus, selbständig ein vollkommenes, ewiges, unendliches Wesen wie Gott „erfinden". Dieser Gedanke muss ihm deshalb von diesem höheren Wesen (Gott) eingegeben worden sein. Also muss Gott existieren.

Descartes' Beweis ist in mehreren Punkten nicht stichhaltig. Schon die Ausgangsüberlegung, dass eine Wirkung nicht besser sein kann als ihre Ursache, ist nicht bewiesen. Ja, sie ist sogar empirisch wiederlegt. So gibt es z. B. Kinder, die ihren Eltern, was Talente und Intelligenz betrifft, überlegen sind. Auch ist nicht erwiesen, dass es eine endliche Hierarchie gibt, an deren Ende Gott steht. Schließlich könnte der Mensch sehr wohl aus sich selbst heraus auf die Idee eines vollkommenen Wesens gekommen sein. Insgesamt ist bei Descartes, wie bei von Aquin, deutlich zu erkennen, dass für ihn Gottes Existenz eine Realität ist. Im Kern beweist er nicht Gottes Existenz, sondern behauptet sie nur mit nicht schlüssigen Argumenten.

Der deutsche Philosoph **Immanuel Kant (1724–1804)** hat in seinem Werk „Kritik der reinen Vernunft" nachgewiesen, dass weder die kosmologischen noch die ontologischen noch die teleologischen Gottesbeweise schlüssig sind. Diese Gottesbeweise gehen von **der Idee** aus, dass es Gott gibt. Eine Idee kann nach Kant aber nicht durch reine Vernunft bewiesen werden. Man kann sich irgendetwas vorstellen, z. B. ein Haus. Obwohl ich es mir vorstellen und in allen Einzelheiten ausmalen kann, bedeutet das nicht, dass es auch tatsächlich existiert. Den Beweis seiner möglichen Existenz kann ich nur dann führen, wenn ich das Haus mit meinen Sinnen tatsächlich wahrnehmen kann. Gott kann ich aber gerade nicht sehen, hören, ertasten, schmecken oder riechen.

In jüngerer Zeit versuchte **Kurt Gödel (1906–1978)** Gott zu beweisen. Es handelt sich dabei erneut um einen ontologischen Gottesbeweis. Gödels Beweis stützt sich auf drei Definitionen und fünf Annahmen. So definiert er Gott als „ein Wesen, das alle positiven Eigenschaften besitzt". Was „positive Eigenschaften" sind, lässt Gödel dabei offen. Wenn man Gödels weitere Definitionen und Annahmen akzeptiert, ist der Beweis in sich schlüssig. Er wurde inzwischen auch über Computer positiv auf seine Logik hin überprüft. Die von Gödel getroffenen Annahmen und Definitionen machen alle Sinn. Sie sind nicht aus der Luft gegriffen und durchweg vernünftig und nachvollziehbar. Dennoch gelingt es auch Gödel letztendlich nicht, Gott zu beweisen. Denn ob seine Definitionen und Annahmen, so vernünftig sie auch sein mögen, wirklich der Realität entsprechen, ist unbewiesen. Im Kern versucht auch Gödel von der Idee eines Gottes auf dessen tatsächliche Existenz zu schließen. Wie Kant nachgewiesen hat, ist das jedoch nicht möglich.

Zusammenfassend ist festzustellen: Die Existenz Gottes konnte bisher nicht positiv bewiesen werden.

Wie sieht es nun mit der Gegenseite aus? Gibt es Beweise für die **Nichtexistenz** Gottes?

Auf banale und leicht zu durchschauende Versuche will ich nicht näher eingehen. Dafür beispielhaft sei dennoch der folgende „Beweis" genannt: Gott soll einen Stein schaffen, der so schwer ist, dass ihn niemand hochheben kann. Anschließend soll er ihn hochheben. Es handelt sich hier nicht um einen Nachweis der Nichtexistenz Gottes, sondern lediglich um den (scheinbaren) Gegenbeweis **einer** Eigenschaft Gottes. Es geht um seine „Allmacht". Selbst wenn die Forderung nach den Gesetzen der Logik zulässig wäre, würde sie nur beweisen, dass Gott nicht allmächtig ist. Bezüglich seiner möglichen Existenz hätte sie keinerlei Aussagekraft. Die Forderung widerspricht jedoch den Gesetzen der Logik. Es werden zwei sich gegenseitig ausschließende Bedingungen aufgestellt. Man kann nicht die Behauptung 1 + 2 = 3 und gleichzeitig die Behauptung 1 + 2 = 4 aufstellen. Es kann nur eine Behauptung richtig sein. Deshalb taugt diese Überlegung nicht einmal zum Beweis der Nichtallmacht Gottes.

Das Problem mit der Nichtexistenz Gottes ist, dass es nicht möglich ist, zu beweisen, dass etwas nicht existiert. Wie wollen Sie z. B. beweisen, dass es keine außerirdischen Lebewesen gibt? Selbst wenn man das gesamte Universum Zentimeter für Zentimeter erfolglos absuchen würde, wäre das kein Beweis für die Nichtexistenz derartiger Lebewesen. Denn es könnte z. B. noch ein weiteres oder viele weitere Universen geben. Kant hat nachgewiesen, dass die Existenz von etwas, das mit naturwissenschaftlichen Methoden, wie Messen, Wiegen, Beobachten, Berechnen, nicht nachgewiesen werden kann, nicht beweisbar ist. Gleiches gilt demzufolge auch für die Nichtbeweisbarkeit der Nichtexistenz Gottes.

Wegen der logischen Unmöglichkeit, die Nichtexistenz Gottes beweisen zu können, weichen Atheisten auf Nebenschauplätze aus. Sie gehen bei ihren Argumenten von dem christlichen, biblischen Gottesbild aus. Dabei liegt der Fokus auf dem Theodizee-Problem. Der Gott der Bibel ist zugleich ein allmächtiger und ein gütiger, liebender Gott. Wie kann aber ein liebender Gott das Leid auf dieser Erde zulassen? Da er auch allmächtig ist, wäre es doch ein Leichtes für ihn, dieses Leid zu verhindern. Das Leid ist aber unbestreitbar weiterhin existent. Deshalb kann der Gott der Bibel, der gleichzeitig allmächtig und liebend ist, offensichtlich nicht existieren. Entweder ist er nur ein liebender oder nur ein allmächtiger Gott. Beides gleichzeitig ist (scheinbar) nachgewiesen nicht möglich. Auch dieses Argument berührt nicht die grundsätzliche Frage, ob Gott überhaupt existiert. Selbst wenn die Überlegungen schlüssig wären, wäre damit nur nachgewiesen, dass ein Gott, der gleichzeitig allmächtig und liebend ist, nicht existiert. Ein Gott der nur allmächtig oder nur liebend ist, wäre nach wie vor möglich.

Das Argument ist jedoch nicht schlüssig. Wie ich später darstellen werde, ist das Theodizee-Problem befriedigend zu lösen. Ein gleichzeitig allmächtiger und liebender Gott ist trotz des offensichtlichen Leids in der Welt verständlich und glaubwürdig erklärbar.

Wissenschaftler versuchen, die Nichtexistenz Gottes dadurch zu beweisen, dass sie die Entstehung der Welt auch ohne das Wirken eines Schöpfergottes erklären. Der renommierte Physiker und Nobelpreisträger Stephen

Hawkins behauptet in seinem jüngsten Werk, „Der große Entwurf", die Entstehung des Universums ohne eine höhere Macht erklären zu können: „*... ist unser Universum nicht das einzige, sondern eines unter einer Vielzahl von Universen, die aus dem Nichts geschaffen wurden. Ihre Schöpfung ist nicht auf die Intervention eines übernatürlichen Wesens oder Gottes angewiesen. Vielmehr ist diese Vielfalt von Universen eine natürliche Folge der physikalischen Gesetze, eine naturwissenschaftliche Vorhersage.*"[4] Hawkins vertritt in seinem Buch die Meinung, unser Universum sei spontan aus dem Nichts entstanden. Wie aus nichts etwas entstehen kann, erklärt er damit, dass auf der Größenebene eines ganzen Universums die positive Energie der Materie durch negative Gravitationsenergie aufgewogen werden *kann*. Diesen Zustand beschreibt er als „das Nichts". Durch die Einwirkung der Gravitation auf dieses „Nichts" kann ein Universum spontan, aus dem Nichts, entstehen. Hawkins versucht, die schwer verständliche Theorie mit einem Bild zu illustrieren. In dem „Ursubstrat" brodeln vor dem Urknall Quantenfluktuationen, die er mit kochendem Wasser vergleicht. Aus dem kochenden Wasser bilden sich Wasserblasen, und jede dieser Blasen entspricht einem jungen Universum, das sich je nach Art der verursachenden Quantenfluktuation entwickelt. Gott ist dazu nicht nötig.[5] Schon aus Hawkins' Beschreibung des „Nichts" ergibt sich, dass sein „Nichts" nicht wirklich ein „Nichts" ist. Es existieren nämlich zumindest das Ursubstrat, das Gravitationsgesetz und Energie. Woher kam dieses „Urmaterial"? Bei genauerem Hinsehen „beweist" Hawkins somit gar nichts. Selbst wenn alle seine Theorien richtig sind, was umstritten ist, verschiebt er die „Gretchenfrage" lediglich ein wenig nach hinten. „Vor Hawkins" war zu fragen: Wie kam der physikalische Urzustand unmittelbar vor dem Urknall zustande? „Nach Hawkins" lautet die Frage: Wie entstand das „Urmaterial", das zur Entstehung unseres und anderer Universen führte? Hawkins' Theorie ist wissenschaftlich hochinteressant und wird möglicherweise zu neuen Erkenntnissen über die Entstehung des Universums führen. Für unsere Frage dagegen, ob Gottes Nichtexistenz beweisbar ist, liefert Hawkins entgegen seiner Ankündigung keinen weiterführenden Beitrag. Insoweit also viel Lärm um nichts.

Wo stehen wir nun bei der Frage, ob es eine höhere Macht gibt? Weder die Existenz noch die Nichtexistenz einer solchen Macht lässt sich beweisen. Müssen wir deshalb resignierend feststellen, dass es rational keinen Grund gibt, eine der beiden Varianten bei unserer Entscheidung zu bevorzugen? Sind wir letztendlich auf unser „Bauchgefühl" zurückgeworfen? Könnten wir genauso gut einfach würfeln? In dieser Situation halte ich es für sinnvoll, nach Argumenten zu suchen, die begründen, warum möglicherweise eine der beiden Antworten wahrscheinlicher, **glaub**würdiger ist.

Wenn wir die Existenz einer höheren Macht verneinen, sind wir auf der Seite der Atheisten und Nihilisten. Atheisten verneinen entweder kategorisch die Existenz eines Gottes oder sind der Auffassung, da man über Gott nichts wissen und in Erfahrung bringen könne, sei es sinnvoll, nicht an ihn zu glauben. Trotz dieser „Gottlosigkeit" stehen Atheisten „mitten im Leben" und versuchen unsere Welt zu gestalten und zu verbessern. Auch ohne Gott können Menschen ein moralisches, verantwortungsvolles und absolut tadelloses Leben führen. Der Nihilismus ist die Fortführung und Verschärfung des Atheismus. Für einen Nihilisten gibt es nicht nur keinen Gott, sondern darüber hinaus auch keine absoluten Wahrheiten und Werte. Er ist von der völligen Wert- und Sinnlosigkeit aller Dinge und allen Seins überzeugt. Die Welt und unser Leben ist ohne Sinn und Ziel und auf ewig wiederkehrend. Als Konsequenz steht für den Nihilisten das Individuum, der einzelne Mensch im Mittelpunkt, für den es keinerlei Schranken gibt, auch keine moralischen oder ethischen. Jeder sollte für sich aus seinem Leben völlig egoistisch das Beste herausholen.

Weder der Atheismus noch der Nihilismus überzeugen mich. Besonders fehlt mir bei beiden ein fester Bezugspunkt. Ich halte es angesichts des unvorstellbar gigantischen Aufwands, der sich im Kosmos manifestiert, eher für **unglaubwürdig,** dass alles Existierende und unser Leben völlig sinnlos, zufällig und ohne Ziel sein soll. Alles „irrlichtert" irgendwie durch Zeit und Raum, ohne eine Idee, woher alles kommt und wohin alles geht. Es fehlt ein „Anker", an dem ich alles festmachen kann.

Glaubwürdiger erscheinen mir die Überlegungen von Aristoteles & Co. Obwohl ihnen der Beweis der Existenz Gottes nicht gelungen ist, haben ihre Gedanken für mich doch eine Logik und eine starke Überzeugungskraft. Denn sie schließen aus dem Zustand der uns umgebenden Welt auf Gott. Beim kosmologischen Gottesbeweis des Aristoteles ist die entscheidende Frage, ob es als Grund für den Zustand unserer Welt eine unendliche Ursachenkette gibt oder einen Urverursacher, der selbst nicht verursacht wurde. Wenn ich mich selbst frage, dann entscheide ich mich für die Gottesvariante. Auch wenn ich Gott nicht beweisen, ihn nicht greifen kann, ist für mich eine Anfangsentität, ein Urgrund allemal überzeugender als eine unendliche Ursachenkette, die zudem auch nicht beweisbar, greifbar ist. Auch die von Thomas von Aquin angeführte offensichtliche Ordnung im Universum, die Naturgesetze, deuten für mich auf eine ordnende Hand, eine Schöpferkraft hin, die alles erdacht, geplant und erschaffen hat. Die Alternative, dass diese Ordnung und Gesetze rein zufällig entstanden sind, halte ich dagegen für unwahrscheinlich. Mit dieser Meinung stehe ich nicht allein. Auch Wissenschaftler, wie z. B. Hoimar von Ditfurth, halten es für irrational, von einer zufälligen Entstehung des Universums auszugehen. „*Wieder aber ist auch die Gegenfrage erlaubt: ob es noch rational wäre, wenn wir unsere Skepsis so weit trieben, eine sich über Dutzende von Jahrmilliarden hinweg stetig entfaltende Ordnung für ein bloßes Zufallsprodukt zu halten. Ob die Annahme plausibel wäre, dass der aller Fasslichkeit spottende Aufwand, den die Realität der kosmischen Geschichte darstellt, ,nichts' bedeutet.*"[6]

Bei diesen „Glaubwürdigkeitsüberlegungen" ist mir völlig bewusst, dass das menschliche Gehirn dazu neigt, das für wahrscheinlicher zu halten, was den menschlichen Erfahrungen entspricht. Da sich der Mensch in Millionen von Jahren im Evolutionsprozess in einer Umwelt entwickelt hat, in der alles eine Ursache hat, ist es für unser Gehirn „unvorstellbar", dass etwas keine Ursache hat. Entsprechend räumt unser Gehirn der „Gottesvariante" „automatisch" eine höhere Glaubwürdigkeit ein. Doch auch in Kenntnis dieses Automatismus bleibe ich bei meiner Entscheidung, denn ich bin der Auffassung, dass die uns umgebende Welt ein Spiegel, ein Abbild der hinter unserer Welt liegenden Wirklichkeit ist. Wäre diese Wirklichkeit „chaotisch", dann wäre wahrscheinlich auch die für uns erkennbare Welt chaotisch. Da dem offensichtlich nicht so ist, halte ich die „Gottesvariante" für glaubwürdiger.

Mit der gebotenen Vorsicht deuten für mich neben den schon genannten Gründen auch unsere Alltagserfahrungen auf die Existenz einer höheren Macht hin. Obwohl es sich dabei allenfalls um Fingerzeige handelt, finde ich sie beachtenswert. So wohnt dem Menschen eine natürliche Sehnsucht nach Vollkommenheit und ewigem Glück inne. Wo kommt diese Sehnsucht her? Evolutionstechnisch bringt sie keine Vorteile. Aber wen hat beim Anblick des funkelnden Sternenhimmels noch nicht diese Sehnsucht überkommen und gleichzeitig die Ahnung erfasst, dass „dahinter" noch etwas „anderes" kommt, etwas ewig Gutes, das alle Beschränktheit unseres irdischen Lebens hinter sich lässt. Und vielleicht haben Sie auch schon selbst einen jener raren und flüchtigen Momente erlebt, als Sie ein unbeschreibliches Glücks- und Harmoniegefühl geradezu durchflutete, als Sie sich völlig losgelöst fühlten und in der Glückseligkeit schwebten? Für mich sind das Fingerzeige, mehr nicht, dass eine solche Welt tatsächlich existiert.

Schließlich gibt es starke Hinweise, dass zum Wesen des Menschen offensichtlich auch „Religiosität" gehört. Religiosität wird dabei als universelle menschliche Empfindung verstanden, dass letztendlich alles auf einer transzendenten, jenseitigen Wirklichkeit beruht. Die These wird dadurch massiv untermauert, dass der Mensch zu allen Zeiten, überall auf der Welt und in allen Kulturen an eine jenseitige Wirklichkeit geglaubt hat. Ein religionsloses Volk hat auf der Erde noch nicht existiert. Alfred Rust weist in seinem Buch „Urreligiöses Verhalten und Opferbrauchtum des eiszeitlichen Homo sapiens"[7] nach, dass diese Religiosität schon für den prähistorischen Menschen bis mindestens 100.000 Jahre zurück vor unserer Zeit galt. Es scheint sich somit um ein von „der Menschheit", über alle Kulturen und Erdteile hinweg, erworbenes „Wissen" zu handeln. Wissenschaftlich ist es längst unbestritten, dass es verschiedene Methoden gibt, Wissen zu erwerben. Die uns am einsichtigsten ist der Wissenserwerb über unsere individuellen Gehirne. Die „Natur" ist ein Beispiel für Wissenserwerb ohne Gehirne. So „wissen" z. B. unsere Nieren exakt, wie sie zu funktionieren haben, ohne dass die Abläufe bewusst durch unser Gehirn gesteuert würden. Woher wissen die Nieren das, obwohl sie kein eigenes Gehirn haben? Und schließlich gibt es eben das überindividuelle kulturelle Wissen der Menschheit, das über Generationen hinweg erworben wurde und in unserem genetischen Code fixiert zu sein scheint. Hierzu gehört „Religiosität", die deshalb ein ebenso zu respektierendes „Wissen" ist wie das von unseren individuellen Gehirnen Erlernte. Der evangelische Theologe Wolfhart Pannenberg (1928–2014) hat es so ausgedrückt: *„Religion kommt nicht derart sekundär zum Menschsein des Menschen hinzu. Vielmehr scheint Religion von Anfang an für den Menschen ebenso charakteristisch gewesen zu sein wie der Gebrauch von Feuer und Werkzeugen und die Fähigkeit zur Sprache. Ihr kommt derselbe fundamentale, die Sonderstellung des Menschen unter den höheren Tieren begründende Rang zu wie jenen anderen Merkmalen menschlichen Verhaltens."*[8]

Aus all diesen Gründen halte ich es für rationaler, deutlich wahrscheinlicher und deshalb insgesamt für **glaubwürdiger,** dass es eine höhere Macht gibt.

Nun liegt die Entscheidung bei Ihnen. Was **glauben Sie?** Gibt es eine höhere Macht? Vor Ihrer Entscheidung sollten Sie gegenüber sich selbst Rechenschaft ablegen: Welche Überlegungen und Argumente sind die Basis für Ihre Entscheidung? Was sind Ihre Gründe? Befassen Sie sich eingehend mit der Frage, antworten Sie nicht einfach mit „Ja" oder „Nein".

Entscheiden Sie sich nach Ihrer Eigenanalyse jetzt: Ja oder Nein?

Falls Sie sich für „Nein" entschieden haben, trennen sich jetzt grundsätzlich unsere Wege und Sie können das Buch getrost zur Seite legen. Die folgenden Überlegungen haben für Sie keinerlei Relevanz, denn sie basieren auf der Annahme, dass es eben doch diese „höhere Macht" gibt. Andererseits spricht natürlich nichts dagegen, „dabeizubleiben" und den Weg „mit einer höheren Macht" einfach interessehalber weiter mitzugehen.

B 2   Was ist das Wesen der „höheren Macht"?

Nur wenn Sie die Frage mit „Ja" beantwortet haben, steht für Sie die zweite Entscheidung an:
- **Was ist das für eine Macht, an die Sie glauben? Was hat sie für ein Wesen, für was steht sie?** Im Folgenden werde ich die „höhere Macht" vereinfachend als „Gott" bezeichnen.

Der „Markt" bietet Ihnen reichhaltige Wahlmöglichkeiten.

So könnten Sie sich für das islamische Gottesbild entscheiden. Es ist maßgeblich vom Koran und dem biblischen Alten Testament geprägt. Die Aussagen im Koran sind nach islamischem Glauben direkt Gottes Wort.

Das jüdische Gottesbild ist durch das Alte Testament in der Bibel bestimmt.

Das Christentum beschreibt Gott nach den Aussagen des Alten und Neuen Testaments in der Bibel.

Im Hinduismus gibt es eine Vielzahl von Vorstellungen über das Wesen Gottes. Der Weg zu ihm führt über die Erlösung aus dem ewigen Kreislauf des Entstehens und Vergehens. Der Hinduismus hat sich seit ca. 1700 v. Chr.entwickelt und gründet sich **nicht** auf angeblich von Gott offenbarten Schriften.

Der Sikhismus hat sich von dem Hinduismus abgespalten. Die Lehre wurde durch zehn Gurus entwickelt und ist in dem heiligen Buch „Guru Granth Sahib" zusammengefasst. Dort findet sich auch eine Beschreibung des Wesens Gottes, dem über hundert Eigenschaften zugeschrieben werden.

Im Buddhismus ist Gott das „Brahman", das große göttliche Selbst. Spezielle Eigenschaften werden ihm nicht zugeschrieben, er ist die letztendliche Erlösung.

Es existiert noch eine Vielzahl anderer Religionen, wie z. B. Konfuzianismus oder Daoismus, bei denen Gott unterschiedlich definiert wird. Nicht zu reden von eher skurrilen Vereinigungen, die man kaum noch als Religionen bezeichnen kann. So kommt z. B. in der eher merkwürdigen „Lehre" der „Scientology Kirche" Gott überhaupt nicht vor.

Natürlich können Sie sich auch „Ihren Gott" selbst basteln. Bestimmen Sie, welche Eigenschaften das Wesen hat, an das Sie glauben. Diese Eigenschaften sollten Sie sich allerdings nicht einfach zusammenphantasieren. Worauf beruhen Ihre Annahmen? Auf allgemeinen philosophischen oder moralischen Überlegungen? Haben Sie Teile des jüdischen/islamistischen/christlichen usw. Gottesbildes übernommen und zu einem „neuen", Ihrem Gott vermischt? Oder haben Sie völlig neue Überlegungen zu „Ihrem" Gottesbild angestellt?

Seien Sie sich bei Ihrer Bastelei jedoch bewusst: Wie immer Ihr Gottesbild aussieht, es sollte widerspruchsfrei zu den aktuellen wissenschaftlichen Erkenntnissen und den empirischen Erfahrungen der Menschen sein. Stellen Sie sich auf kritische Fragen ein. Beantworten Sie in „Ihrem System" unsere zehn Fragen widerspruchsfrei? Passt in Ihrem Bild alles zusammen? Andernfalls ist Ihre Vorstellung zwar eine ganz nette Übung, vielleicht noch mit einem gewissen Unterhaltungswert. Darüber hinaus wäre sie jedoch ohne weitere Erkenntnis und reihte sich nur ein in die Menge der Theorien, die unsere zehn Fragen nicht widerspruchsfrei beantworten.

Also entscheiden Sie sich. Welche Eigenschaften hat „Ihr" Gott?

Ich habe mich dazu entschieden, an den Gott der Bibel zu glauben. Warum? Ich bin überzeugt, dass die Schriften der Bibel von Gott inspiriert sind und Gott darin an vielen Stellen direkt oder indirekt zu uns spricht. Direkt z. B. bei der Verkündigung der Zehn Gebote an Moses oder durch Jesu Worte. Indirekt durch die Propheten und Apostel. Mein Glaube an den Gott der Bibel beruht aber vor allem darauf, dass die biblischen Aussagen insgesamt widerspruchsfrei sind und auch den aktuellen wissenschaftlichen Erkenntnissen standhalten. Unsere zehn Fragen werden für mich durch die Bibel überzeugend beantwortet. Keine der anderen „auf dem Markt" befindlichen Alternativen kann mir das bieten. Auch entfällt deshalb die Notwendigkeit, mir meinen eigenen Gott zu „basteln". Meine Fragen werden ja durch die Bibel befriedigend beantwortet. Wie schon im Prolog ausgeführt, bedarf es allerdings einiger Korrekturen an der bisherigen traditionellen Auslegung der Schrift.

Jetzt werden Sie möglicherweise einwenden, die „wissenschaftliche Erforschung" der Aussagen der Bibel hat ergeben, dass es sich in weiten Teilen um ein „Märchenbuch" handelt. Angesprochen ist damit die Auslegung der Bibel nach wissenschaftlichen Methoden, der so genannten „biblischen Exegese". Dabei gibt es die verschiedensten Ansätze, z. B. die „feministische" oder die „intertextuelle" Exegese. Die am weitesten verbreitete Methode ist jedoch die „historisch-kritische Exegese". Sie hat zum Ziel, einen biblischen Text in seinem damaligen historischen Zusammenhang auszulegen, wobei die Rekonstruktion der vermuteten Vorgeschichte des Textes eine besondere Rolle spielt. Natürlich werden dazu auch außerbiblische Dokumente und Texte herangezogen, wie z.b. die zwischen 1947 und 1956 entdeckten Qumran-Schriften. Die heute weit verbreitete Ansicht, die Bibel sei weitgehend ein Märchenbuch, beruht auf „wissenschaftlichen" Aussagen historisch-kritischer Exegeten, die zentrale christliche Positionen ins Reich der Fabel verweisen. So werden z. B. die Jungfrauengeburt, die Gottessohn-Eigenschaft Jesu, Jesu leibliche Auferstehung oder seine Himmelfahrt als nicht historische Fakten bestritten und als „wissenschaftlich" widerlegt bezeichnet. Von der christlichen Lehre bleibt dann wenig bis gar nichts übrig. Kann ich denn unter diesen Umständen noch ernsthaft an diesen (Märchen-)Gott der Bibel glauben? Was ist also von den Ergebnissen der historisch-kritischen Bibelexegese zu halten?

Die historisch-kritische Exegese arbeitet „wissenschaftlich". Das erweckt sofort den Eindruck, als seien die Ergebnisse dieser Forschung „wahr". Um die Bedeutung und Aussagekraft der Ergebnisse richtig einordnen zu können, ist es jedoch wichtig zu erkennen, was „wissenschaftlich" bedeutet. Eine These, eine Behauptung ist nur dann „wissenschaftlich", wenn sie überprüfbar, verifizierbar ist. Die Naturwissenschaften beobachten, messen, wiegen, berechnen die materielle Welt, unser Universum. So hat Einstein in seiner Relativitätstheorie mathematisch nachgewiesen, dass es nichts Schnelleres gibt als das Licht. Des Weiteren haben seine Berechnungen überraschenderweise ergeben, dass die Lichtgeschwindigkeit eine Konstante ist, d. h., das Licht bewegt sich **immer** mit rund 300.000 km/s. Als Konsequenz resultiert daraus ebenso überraschend, dass die Zeit keineswegs unveränderlich ist, sondern in Abhängigkeit von der Lichtgeschwindigkeit langsamer vergehen kann. Kommt ein Lichtstrahl beispielsweise in die Nähe eines schwarzen Lochs, so wird das Licht durch die unvorstellbar große Masse des Lochs „gebremst". Da sich das Licht jedoch immer konstant mit der gleichen Geschwindigkeit bewegt, muss die (bewegliche) Zeit um so viel langsamer vergehen, dass sich das Licht weiterhin exakt mit der Geschwindigkeit von 300.000 km/s weiterbewegt. Beide Behauptungen widersprachen allen bis dahin gemachten

Erfahrungen und Erkenntnissen der Wissenschaften. Dennoch waren es zulässige „wissenschaftliche" Aussagen, denn sie konnten grundsätzlich überprüft werden. Zwar noch nicht zum Zeitpunkt von Einsteins Aussagen. Dennoch waren und sind sie grundsätzlich einer Überprüfung zugänglich. Dass es nichts Schnelleres als das Licht gibt, ist inzwischen experimentell nachgewiesen. Es ist also wichtig zu erkennen, dass sich „Wissenschaft" nur mit grundsätzlich Nachprüfbarem befasst. Es werden nur Umstände berücksichtigt, die beobachtbar, messbar oder mathematisch erfassbar sind. Übernatürliche, transzendente Aspekte bleiben definitionsgemäß außen vor, sind „nicht wissenschaftlich". Wenn eine Beobachtung, ein Phänomen mit dem derzeitigen Wissen nicht erklärbar ist, kann zur Erklärung des Phänomens eine (grundsätzlich nachprüfbare) Hypothese aufgestellt werden, oder aber der Tatbestand wird als derzeit (noch) nicht erklärbar bezeichnet. Wissenschaftlich ausgeschlossen sind in jedem Fall Erklärungen, die übernatürliche, transzendente Kräfte beinhalten. „Gott" steht den Naturwissenschaften als Erklärung nicht zur Verfügung. Diese Möglichkeit können nur Philosophen und Theologen in Betracht ziehen. Anders ausgedrückt: Die wissenschaftlich historisch-kritische Bibelexegese hat eine atheistische (gottlose) Voraussetzung: Gott existiert nicht oder greift zumindest seit dem Urknall nicht in das Weltgeschehen ein. Unerklärliche Phänomene dürfen nicht mit Gott erklärt werden. Und damit ist die Schwäche der Methode aufgedeckt, auf die schon viele Kritiker, so auch der emeritierte Papst Benedikt XVI., Joseph Ratzinger, zu Recht hingewiesen haben.[9] Die biblischen Texte berichten aber doch gerade von dem Eingreifen, dem Wirken Gottes. Wenn ich Gott aber bereits im Vorhinein definitionsgemäß als Erklärungsgrund ausschließe, kann ich naturgemäß auch zu keinen in irgendeiner Weise gültigen Aussagen über dieses Wirken kommen. Wenn Jesus tatsächlich Gottes Sohn war, dann nur durch Gottes Handeln. Wenn Jesus tatsächlich auferstanden ist, dann nur durch Gottes Handeln. Gottes Handeln entzieht sich aber gerade einer wissenschaftlichen Überprüfung, einer Beobachtung, Messung, Berechnung oder dergleichen. Damit ist deutlich, dass die historisch-kritische Exegese keinerlei Aussagen über die

„Echtheit" all der Bibelberichte liefern kann, in denen von Gottes Wirken die Rede ist. Dennoch kann sie unbestritten dem suchenden und fragenden Gläubigen Informationen liefern, in welchem Umfeld die biblischen Autoren ihre Texte verfasst haben. Diese Informationen können dann in die eigene Entscheidung mit einfließen, ob man diese Texte für eher glaubwürdig oder unglaubwürdig hält. So hat die Exegese beispielsweise ergeben, dass zu Lebzeiten Jesu der Glaube an Jungfrauengeburten ein gängiger Mythos war. Unzulässig ist es, daraus die Schlussfolgerung zu ziehen, die beiden Evangelisten Matthäus und Lukas wären mit absoluter Sicherheit dadurch so beeinflusst gewesen, dass sie diesen Mythos einfach auf Maria übertragen hätten. Natürlich ist das eine denkbare Möglichkeit. Genauso möglich ist es aber auch, dass sie von einer sich tatsächlich ereigneten Jungfrauengeburt berichten, die durch Gott bewirkt wurde. Eine wissenschaftliche Prüfung der Frage ist deshalb nicht möglich, weil es sich um ein mögliches Wirken Gottes handelt.

Ihre volle Berechtigung hat die historisch-kritische Bibelexegese somit dort, wo es um nachprüfbare Aussagen der Bibel geht. Hier kann die Exegese wertvolle Ergebnisse zum historischen Wahrheitsgehalt liefern. Sind die Bibelangaben historisch belegbar? Hat Jesus wirklich gelebt? Hat es einen Prozess gegeben? Ist er tatsächlich am Kreuz hingerichtet worden? Usw.

Wenn deshalb in Diskussionen mit den Erkenntnissen der historisch-kritischen Exegese argumentiert wird, um z. B. die biblischen Wunderberichte, die Jungfrauengeburt oder auch Jesu Auferstehung zu widerlegen, wird regelmäßig die atheistische Voraussetzung der Methode übersehen. Darum greifen diese Argumente nicht und taugen auch nichts für die Einstufung der Bibel als „Märchenbuch". Insofern haben diese Erkenntnisse für meine Entscheidung für den Gott der Bibel keinerlei Bedeutung. Denn meine Herangehensweise ist ja genau die umgekehrte: Ich setze die Existenz und das Wirken Gottes bei der Interpretation der Bibel gerade voraus. Ich schließe ihn nicht als Erklärungsgrund von vornherein aus.

Damit kann ich dann naturgemäß zu völlig anderen Ergebnissen kommen. Gleichzeitig muss ich die biblischen Aussagen nicht „blind" glauben. Man kann, ja man soll diese Aussagen sehr kritisch hinterfragen. Wenn diese Aussagen am Ende dann allerdings insgesamt Sinn machen, in sich schlüssig sind und noch dazu mit den modernen naturwissenschaftlichen Erkenntnissen in Einklang stehen, habe ich keinerlei Grund, die Aussagen der Exegeten zu übernehmen und nicht an den Gott der Bibel zu glauben.

Damit ist die Basis für den Rest dieses Buches gelegt. Ich gehe bei allen meinen folgenden Überlegungen aus den genannten Gründen vom Gottesbild der Bibel aus. Natürlich ist dieses Bild an manchen Stellen unscharf, nicht eindeutig definiert. Es ist deshalb insoweit zu diskutieren, was denn genau „der Gott der Bibel" ist. Die Diskussion hat mit der Bibel jedoch einen Rahmen, den ich nicht überschreiten werde. Argumente müssen sich immer auf dem Boden der Bibel bewegen. Interpretationen einzelner Bibelstellen dürfen die Aussagen dieser Stellen nicht derart verzerren, dass vom Kern dieser Aussagen nichts mehr übrig bleibt. Es kann beispielsweise gefragt werden, ob die Jungfrauengeburt eine Tatsache oder eine Legende ist. Egal, für welche Antwort man sich aufgrund gründlicher Überlegungen entscheidet, in jedem Fall muss die Antwort zur Gesamtaussage der Bibel passen und nicht in Widerspruch dazu stehen.

C Der Gott der Bibel

Wie sieht nun „mein Gott", der „Gott der Bibel", aus, für den ich mich entschieden habe? Welche Eigenschaften hat er? Wenn ich die Bibel als Grundlage akzeptiere, muss ich auch ihre Aussagen ernst nehmen. Nach der Bibel hat Gott folgende Eigenschaften (hinter jeder Eigenschaft nenne ich stellvertretend für zahlreiche weitere Stellen lediglich **eine** Bibelstelle als Nachweis):

Gott ist:

1. Der einzige Gott   Jes. 44,6
2. Zornig   5. Mo. 9,7
3. Reizbar   2. Chr. 28,25
4. Eifersüchtig   2. Mo. 34,14
5. Strafend   1. Chr. 21,7–14
6. Rachsüchtig   5. Mo. 32,35
7. Liebend   2. Kor. 13,11
8. Barmherzig   Lk. 6,36
9. Gnädig   2. Sam. 21,14
10. Allmächtig   1. Mo. 17,1
11. Er tut Wunder   Ps. 77,15
12. Geist   Joh. 4,24
13. Verborgen   Jes. 45,15
14. Gerecht   Ps. 7,10–12
15. Ewig   Jer. 10,10
16. Schöpfergott   1. Mo. 1
17. Lebendig   Ps. 42,3

C 1   Der „menschliche" Gott

Fällt Ihnen etwas auf? Gott ist uns Menschen ein gutes Stück ähnlich. Viele seiner Eigenschaften kennen wir von uns selbst. Auch wir sind barmherzig, zornig, reizbar, eifersüchtig, strafend, gnädig und rachsüchtig. Überraschend ist das nicht, denn nach dem ersten Buch Mose, Kapitel 1, Vers 27, *„schuf Gott den Menschen zu seinem Bilde, zum Bilde Gottes schuf er ihn"*. Das ist nicht bildlich gemeint, sondern zielt auf die Charaktereigenschaften ab. Gott ist demnach kein uns völlig fremdes Wesen, das wir nicht fassen können. Nein, Gott ist uns ähnlich, hat Gefühle, die auch wir kennen. Sogar Gefühle und Charakterzüge, die wir als negativ einstufen: zornig, eifersüchtig, reizbar, strafend und gar rachsüchtig. Das rückt Gott in unsere Nähe, macht ihn uns begreifbar, verstehbar. Auch er hat seine Schwächen, ist nicht ein fehlerloses, abstraktes, absolut gutes Wesen. Er hat sogar eine sehr dunkle Seite. Gibt es einen Unterschied zwischen dem von Herodes veranlassten Kindermord von Bethlehem (Mt. 2,16–18) und der Tötung aller Erstgeborenen Ägyptens durch Gott selbst (2. Mose, 12,29–32)? Das alte Testament ist voll von Geschichten, in denen Gott Menschen, auch Frauen und Kinder, vernichtet. Will man Gott und die Bibel verstehen, darf die Definition des Gottesbegriffes diese negativen, dunklen Eigenschaften Gottes nicht unterschlagen. Gott muss insgesamt, sowohl mit seinen positiven als auch negativen Eigenschaften betrachtet werden. Er ist kein uns völlig fremdes, entrücktes Wesen. Er ist unser guter Freund, unser Kumpel, im Guten wie im Schlechten. Das macht auch einen logischen Sinn. Warum sollte Gott Geschöpfe schaffen, die völlig anders sind als er? Darauf werde ich später noch näher eingehen.

Dagegen hat die christliche Lehre das Gottesbild völlig verzerrt. Danach thront er unnahbar und als absolut fehlerfreies, gutes Wesen über seiner Schöpfung. Wir können ihn nur lobpreisen und uns demütig vor ihm bewegen. Dieser liebende Gott droht uns gleichzeitig nach unserem irdischen Leben die ewige Verdammnis unter Höllenqualen an. Diese Sichtweise trägt zur Entfremdung zwischen Gott und den Menschen bei. Was verbindet uns mit einem solchen Wesen, was soll an ihm anbetungswürdig sein? Die katholische/christliche Lehre ist unter Berücksichtigung der Lebensverhältnisse auf der Erde eine reine Angstbotschaft.

Bei aller Nähe zu uns hat Gott gleichzeitig Eigenschaften und Fähigkeiten, die ihn deutlich von uns unterscheiden und abgrenzen. Sie setzen ihn über uns: Er ist allmächtig, ewig, Geist, die reine Liebe, verborgen, ein Schöpfergott und er tut Wunder. Eigenschaften, die der Mensch nicht hat. Betrachten wir sie näher.

C 2 Der liebende, barmherzige und gnädige Gott

Dass Gott ein liebender Gott ist, wird in der Bibel durchgängig bezeugt. Es ist die hervorstechendste, zentrale Eigenschaft Gottes, die sowohl im Alten wie im Neuen Testament immer wieder hervorgehoben wird. Gottes Liebe ist **bedingungslos**, sie ist an keinerlei Vor- oder Gegenleistungen geknüpft. Auch Jesus hat die Sonderstellung der Liebe herausgestellt. Auf die Frage eines Schriftgelehrten, was das wichtigste Gebot sei, antwortete er: *„Du sollst lieben Gott, deinen Herrn, von ganzem Herzen, von ganzer Seele und von ganzem Gemüte. Dies ist das vornehmste und größte Gebot. Das andre aber ist dem gleich: Du sollst deinen Nächsten lieben wie dich selbst. In diesen zwei Geboten hängt das ganze Gesetz und die Propheten"* (Mt. 22,37–40).

Und Paulus hat die bedingungslose Liebe mit wunderbaren Worten beschrieben: *„Die Liebe ist langmütig und freundlich, die Liebe eifert nicht, die Liebe treibt nicht Mutwillen, sie blähet sich nicht, sie stellet sich nicht ungebärdig, sie suchet nicht das ihre, sie lässt sich nicht erbitten, sie rechnet das Böse nicht zu, sie freuet sich nicht der Ungerechtigkeit, sie freuet sich aber der Wahrheit; sie verträgt alles, sie glaubet alles, sie hofft alles, sie duldet alles. Die Liebe höret nimmer auf ..."* 1. Kor. 13,4 ff.

Gottes Liebe ist die intensivste denkbare Liebe und geht weit über die menschlich erfahrbare Liebe hinaus. Vielleicht kommt die Liebe, die eine Mutter zu ihrem Kind empfindet, die Mutterliebe, der göttlichen Liebe am nächsten. Auch eine Mutter liebt ihr Kind vorbehalt- und bedingungslos. Gottes Liebe blitzt auch auf, wenn ein Mensch sein Leben für das eines anderen hingibt.

Da Gottes Liebe zu seiner Schöpfung die zentrale Botschaft der Bibel ist, werden wir sie immer dann als wichtigstes Entscheidungskriterium heranziehen, wenn es darum geht, zu klären, ob bestimmte Aspekte der katholischen Lehre mit dieser Eigenschaft Gottes in Einklang stehen. Mit anderen Worten: Steht die Interpretation einer Bibelstelle im Gegensatz zu Gottes Liebe, dann kann das bisherige Verständnis dieser Stelle nicht richtig sein. Es ist dann zu prüfen, wo die Divergenz herrührt und ob sie durch eine neue Sichtweise/Interpretation dieser Bibelstelle beseitigt werden kann. Unveränderbarer Fixpunkt ist und bleibt dabei immer die Liebe Gottes. Sie dominiert, an ihr werden alle Bibelstellen gemessen. Divergenzen sind so aufzulösen, dass die Interpretation einer Bibelstelle nicht mit Gottes Liebe kollidiert.

Wenn uns Gott aber derartig tief liebt, er noch dazu barmherzig und gnädig ist, stellen sich doch zwangsläufig folgende Fragen:

- Am drängendsten die Theodizee: Wie kann Gott das Leid in der materiellen Welt zulassen?
- Wie kann es sein, dass Gott Menschen zu **ewiger Verdammnis** verurteilt, wenn sie sich hier auf „Erden" nicht „richtig" verhalten haben?
- Wie kann es sein, dass für das Urteil „ewige Verdammnis" oder „ewige Glückseligkeit" ausschließlich das Verhalten eines Menschen in dem im Vergleich zur Ewigkeit lächerlich kurzen Zeitraum eines Menschenlebens von durchschnittlich 80 Jahren maßgebend ist?
- Wie kann es sein, dass das menschliche Lebensumfeld derart schwierig ausgestaltet ist, dass es für einen Menschen normalerweise unmöglich ist, sich so „gut" zu verhalten, dass Gottes Urteil über ihn „ewiges Leben" ist?

Die Kirche bleibt die Antworten auf diese Fragen schuldig. Sie zieht sich darauf zurück, die Antworten seien außerhalb des menschlichen Erkenntnishorizonts angesiedelt, es sei ein für uns unergründliches Geheimnis Gottes. Das Fehlen von Antworten hat jedoch einen ganz anderen Grund: Die Kirche hat einige Aussagen der Bibel so interpretiert, dass als Folge davon eine Antwort auf die Theodizee nicht möglich ist. Bei der Beantwortung unserer zehn Fragen werde ich eine andere Auslegung der relevanten Bibelstellen vorstellen, neue Perspektiven eröffnen und dadurch Antworten ermöglichen.

Hier an dieser Stelle geht es aber zunächst nur darum, welche Eigenschaften Gott nach der Bibel hat. Danach ist er zweifelsfrei ein liebender, barmherziger und gnädiger Gott. Und das ist die zentrale Botschaft der Bibel. Daran müssen sich alle anderen Aussagen messen lassen. Für uns ist „die Liebe Gottes" deshalb der letztendlich entscheidende Maßstab für die Auslegung der Bibel.

C 3 Gott ist allmächtig und er tut Wunder

Diese beiden Eigenschaften Gottes sind eng miteinander verbunden.

Dass Gott allmächtig ist, bedeutet, dass es nichts gibt, was Gott nicht könnte. Er kann alles.

Beispielhaft wird das im Lukasevangelium, Kapitel 1, Vers 37, so ausgedrückt: *„Denn bei Gott ist kein Ding unmöglich."* Die Aussage stammt vom Engel Gabriel, als er Maria die Nachricht überbringt, dass sie schwanger werden wird. Natürlich ist Maria verunsichert, da sie definitiv weiß, dass das nicht sein kann. Gabriel verweist „zum Beweis" auf Marias Verwandte Elisabeth, die unfruchtbar und bereits hoch betagt ist. Trotzdem hat Gott es gefügt, dass auch sie schwanger wurde (und später Johannes den Täufer gebar). Allein das hätte für Maria schon genügt, Gottes Allmacht nachzuweisen. Aber Gabriel bekräftigt und begründet den Vorgang noch mal ausdrücklich mit der Allmacht Gottes: „Denn bei Gott ist kein Ding unmöglich."

Diese Hervorhebung im Zusammenhang mit der Jungfrauengeburt ist wichtig. Denn gerade die Jungfrauengeburt erscheint uns gegen alle Regeln des Lebens zu verstoßen. So etwas gibt es nicht. Und doch: „Bei Gott ist kein Ding unmöglich." Diese uns unmöglich erscheinenden Ereignisse sind eben für einen allmächtigen Gott grundsätzlich möglich. Uns erscheinen sie dann wie ein Wunder. Nun ist die Jungfrauengeburt ein besonderes Wunder, das sich in vielerlei Hinsicht von anderen Wundern abhebt. Gleichzeitig ist es eines der am meisten bestrittenen Wunder. Selbst viele Theologen rücken immer mehr davon ab. Auf der anderen Seite hängt für viele Christen die Gottessohn-Eigenschaft Jesu an der Jungfrauengeburt. Grund genug also, sich mit diesem speziellen Wunder genauer zu befassen. Das werden wir weiter unten im Abschnitt „F. Zweifelsfragen: 3. Die Jungfrauengeburt: Faktum oder Legende?" tun.

Unter „Wunder" wird gemeinhin ein Ereignis verstanden, das entweder gegen die bekannten Naturgesetze verstößt oder mit unserem Wissen nicht erklärbar ist. In der Bibel wird nicht nur behauptet, dass Gott Wunder wirkt (Ps. 77,15), sondern sie ist voller Beispiele, in denen Gott entweder direkt solche Wunder bewirkt oder indirekt durch andere Personen, z. B. durch Jesus. So teilt Gott das Meer, um die Israeliten vor den Ägyptern zu retten (2. Mose 14,19 ff.), oder Jesus heilt einen Aussätzigen (Mt. 8,1–4) oder einen Gichtbrüchigen (Mt. 9,1–7). Aber auch in neuerer Zeit geschehen (angeblich) noch Wunder. Beispielsweise das Sonnenwunder von Fatima, das sich am 13. Oktober 1917 vor den Augen von Zehntausenden Menschen ereignete. Ein Augenzeuge beschrieb es so: *„Die Sonne bewegte sich am Himmel. Sie bewegte sich rasch auf und nieder, was nach kosmischen Gesetzen unmöglich ist. Sie tanzte am Himmel."*[10] Immer wieder tauchen Berichte auf von unerklärlichen Heilungen von nach medizinischen Erkenntnissen unheilbar Kranken. So sollen in dem Pyrenäendorf Lourdes von 1858 bis heute ca. 7000 solcher Wunderheilungen erfolgt sein. Die katholische Kirche hat davon nach strengsten Prüfungen 69 als Wunder anerkannt. Die einzelnen Fälle sind von Andreas Resch ausführlich dokumentiert.[11]

Kann man als moderner, aufgeklärter Mensch an Wunder glauben? Grundsätzlich ja, wenn man an einen **allmächtigen** Gott glaubt. „Allmächtig" schließt auch ein, dass Gott jederzeit in der Lage ist, die Naturgesetze, die er selbst geschaffen hat, kurzzeitig außer Kraft zu setzen. Auch kann er natürlich Dinge bewirken, die wir nicht erklären können.

Dass Gott allmächtig ist und zweifelsohne Wunder bewirken **könnte**, bedeutet allerdings noch nicht, dass er das auch tatsächlich tut. Ernst zu nehmende Theologen behaupten, Gott greife, zumindest seit dem Urknall, nicht mehr durch Wunder in das Weltgeschehen ein. Auch auf diese Frage komme ich später zurück. Hier geht es zunächst nur darum, Gottes Eigenschaften zu beschreiben.

Ich halte also fest: Die Allmacht Gottes bedeutet, dass ihm nichts, aber auch gar nichts unmöglich ist. Er kann alles bewirken, was natürlich auch die Möglichkeit einschließt, Wunder zu vollbringen.

C 4   Gott ist ewig

Wir werden später sehen, dass diese Eigenschaft Gottes ein wesentlicher Schlüssel zum Verständnis seines Wirkens und dem Sinn unseres eigenen Daseins auf der Erde ist. Sie liefert auch den zentralen Beitrag zur Beantwortung vieler bisher ungelöster Fragen, z. B. der Theodizee. Es handelt sich deshalb um eine besonders wichtige Eigenschaft Gottes. Trotz der grundsätzlichen Schwierigkeiten, sie zu verstehen, müssen wir wegen ihrer Schlüsselfunktion dennoch versuchen, sie wenigstens halbwegs in den Griff zu bekommen. Dabei muss uns immer bewusst sein, dass alle Erklärungsversuche nur schlecht funktionierende Krücken sind. Versuchen wir also, uns an die „Ewigkeit" gedanklich heranzutasten.

Der Mensch ist in eine Welt hineingeboren, die durch den Urknall entstanden ist. Und wir stoßen bereits beim Verständnis dieser „unserer" Welt mit unserer Vorstellungskraft an Grenzen. Denn wirklich begreifen können wir nur etwas, zu dem wir einen realen Bezug haben, was unserer Erfahrungswelt entspricht. Das Universum ist jedoch voller Phänomene, die keinerlei Rolle in unserem Leben spielen. Können Sie sich z. B. ein „schwarzes Loch" wirklich vorstellen? Die Wissenschaft hat die Existenz solcher Löcher über mathematische Formeln nachgewiesen. Wir können berechnen, welche Bedingungen in diesen Löchern wahrscheinlich herrschen. Das kann sich das menschliche Gehirn aber nicht mehr vorstellen, denn solche Gebilde kommen in der realen Umwelt, in der Lebenserfahrung des Menschen nicht vor.

Ebenso ergeht es uns bei extrem großen Zahlen. Mit einer Million können wir noch etwas anfangen. Einen entsprechenden Lottogewinn verteilen wir auf ein Einfamilienhaus, ein flottes Auto und eine Weltreise. Bei einer Milliarde wird es bereits schwierig. Mit dieser Größenordnung wird der Mensch in seinem Leben nicht wirklich konfrontiert. Versuchen Sie einmal, eine Milliarde, also 1000 Millionen, eine Zahl mit neun Nullen, in Ihren Taschenrechner einzugeben. Ich habe es bei mehreren Modellen versucht. Das Maximale, was die Rechner angenommen haben, waren 999 Millionen. Das macht auch Sinn. Denn wann muss der Mensch in seinem Leben mit Milliarden rechnen? Nehmen Sie an, Sie würden im Lotto eine Milliarde Euro gewinnen und Sie wollten die Milliarde innerhalb eines Jahres ausgeben. Dann müssten Sie ein ganzes Jahr lang, Tag für Tag, 2.739.726 Euro ausgeben, also fast drei Millionen Euro täglich. Ständig werden wir in Nachrichten mit Milliardensummen konfrontiert. Wir hören diese Beträge, verstehen sie aber nicht wirklich. Der Bundeshaushalt der Bundesrepublik Deutschland für das Jahr 2013 betrug rd. 300 Milliarden Euro. Das sind an jedem Tag des Jahres Ausgaben von rd. 810 Millionen Euro. Hier versagt unser Vorstellungsvermögen.

Noch dramatischer wird es, wenn wir uns von der Erde lösen und in kosmischen Dimensionen denken. Die Ausmaße des Universums sind so gigantisch, dass sie unser Vorstellungsvermögen für die uns real umgebende Welt endgültig sprengen. Wir behelfen uns deshalb mit Begriffen, die selbst wieder unvorstellbar sind. Nehmen wir als Beispiel die Entfernungen der Sterne und die Lichtgeschwindigkeit. Wir versuchen, diese unermesslichen Entfernungen mit „Lichtjahren" zu beschreiben, also mit der Entfernung, die das Licht in einem Jahr zurücklegt. Die

Lichtgeschwindigkeit beträgt rd. 300.000 km/s. Das ist ganz grob die Entfernung Erde–Mond (rd. 384.000 km). Wenn wir einen Laserstrahl von der Erde zum Mond schicken, kommt er nach ca. einer Sekunde auf dem Mond an. Als amerikanische Astronauten 1969 die erste Mondlandung vollbrachten, benötigten sie für diese Strecke rd. drei Tage. Bei 300.000 km/s legt das Licht in einer Minute bereits 18 Millionen km zurück und in einer Stunde eine Milliarde und 80 Millionen km. Der äußerste Planet unseres Sonnensystems, Neptun, ist rd. 4,7 Milliarden km von uns entfernt. Das Licht benötigt für diese Strecke rd. 4 Stunden und 20 Minuten. Mit unseren heutigen Antriebstechniken wären Astronauten für diese Reise rd. 100 Jahre unterwegs. In einem Jahr legt das Licht die unvorstellbare Strecke von rd. 9 Billionen 460 Milliarden und 800 Millionen km zurück. Der uns am nächsten gelegene Stern, Alpha Centauri, ist rd. 4,3 Lichtjahre von der Erde entfernt. Das sind rd. 40 Billionen 680 Milliarden km. Astronauten würden für eine Reise dorthin rd. 25.000 (**fünfundzwanzigtausend**) Jahre benötigen. Mit einer Reise nach Alpha Centauri wären wir jedoch nicht wirklich ins Universum vorgestoßen. 4,3 Lichtjahre sind innerhalb des Universums eine verschwindend geringe Entfernung. Wir wären damit, bildlich gesprochen, gerade mal aus unserer Haustür herausgetreten. Allein die Galaxis, in der sich unser Sonnensystem befindet, hat einen Durchmesser von ca. 100.000 Lichtjahren. Das gesamte Universum hat eine Ausdehnung von mindestens 14 Milliarden Lichtjahren. Darin befinden sich ca. 100–200 Milliarden Galaxien.

Wird uns schon bei den galaktischen Dimensionen mehr als schwindelig, so stoßen wir bei „der Ewigkeit" endgültig an unsere Grenzen. So gewaltig die Entfernungen im Universum auch sind, so haben sie dennoch irgendwo einen Anfang und ein Ende. Insofern haben wir wenigstens etwas, das unserer Alltagserfahrung entspricht, an das wir uns klammern können. Das Universum nahm vor rd. 14 Milliarden Jahren mit dem Urknall seinen Anfang. Zwar können wir uns einen Zeitraum von 14 Milliarden Jahren nicht vorstellen, aber immerhin, da ging es los. Und das Universum hat auch, unvorstellbar weit weg, seine Grenze, es hört irgendwo auf. Die Ewigkeit hingegen hat weder einen Anfang noch ein Ende. Dass wir uns das absolut nicht vorstellen können, liegt daran, dass der „Ewigkeit" das Merkmal der „Zeit" fehlt. In der Ewigkeit gibt es keine Zeit. Die „Ewigkeit" ist deshalb, im wahrsten Sinne des Wortes, „nicht von dieser Welt". Der Mensch ist in eine Welt hineingeboren, die durch den Urknall entstanden ist. Und mit dem Urknall wurden „die Zeit" und „der Raum" geschaffen. Wir kennen somit nur eine Welt, in der Zeit und Raum existieren. Deshalb können wir uns eine Welt ohne Zeit und Raum beim besten Willen nicht vorstellen. Hoimar von Ditfurth beschreibt das sehr anschaulich: *„Mit einem Gedankenexperiment kann sich jeder leicht veranschaulichen, was gemeint ist. Man muss nur einmal anfangen, sich zu überlegen, was man sich in der Welt alles „wegdenken" kann. So fällt es z. B. nicht schwer, sich vorzustellen, dass es keine Sterne gibt. Auch Sonne, Mond oder Planeten ließen sich „wegdenken", ebenso die ganze Erde (man schwebt dann in seiner Vorstellung eben im leeren Raum). Aber auch auf den eigenen Körper lässt sich bei einem solchen Gedankenexperiment noch „verzichten": Dann schwebt das eigene Bewusstsein eben körperlos im Raum. Damit sind wir jedoch schon an der Grenze dessen angelangt, was bei dieser gedanklichen Spielerei möglich ist. Wegdenken lässt sich nicht mehr das eigene „Ich". (Dann hörte alles Vorstellen auf.) Wegdenken lässt sich aber auch nicht der Raum. Unmöglich ist es ferner, sich die Existenz des körperlos in einem leeren Raum schwebenden Ich ohne den weiteren Ablauf der Zeit vorzustellen. Zeitlosigkeit ist auf keine Weise vorstellbar. (Auch körperlose Gedanken folgen ja „aufeinander".)*[12] Somit ist deutlich, dass sich die wirkliche Bedeutung des Begriffs „Ewigkeit" der menschlichen Vorstellungskraft für alle Zeit entzieht. „Ewig" ist für uns wortwörtlich „unvorstellbar" und auch „nicht verstehbar".

Gott war jedoch schon immer da und wird immer da sein, ohne Anfang und ohne Ende. In der Bibel wird oft versucht, das durch die Wendung „von Ewigkeit zu Ewigkeit" auszudrücken, z. B. in Ps. 90,2, Hebr.1,8 oder Offb. 1,18 und 4,9. Obwohl wir also unfähig sind, es zu verstehen, müssen wir „ewig" als eine wesentliche Eigenschaft Gottes akzeptieren.

Mit welchen Krücken können wir versuchen, uns die Ewigkeit wenigstens schemenhaft begreifbar zu machen? Probieren wir es mit Vergleichen aus unserer Erfahrungswelt. Schon in der Bibel finden sich solche Ansätze. In Ps. 90,4 heißt es: *„Denn tausend Jahre sind vor Dir wie der Tag, der gestern vergangen ist, und wie eine Nachtwache."* Der Psalm versucht, die Ewigkeit dadurch zu veranschaulichen, dass einem Tag unseres Erdenlebens in der Ewigkeit tausend Jahre entsprechen. Auch in unserer Alltagssprache verwenden wir die Begriffe „Ewigkeit" und „ewig", wenn wir ausdrücken wollen, dass es sich um (gefühlte) lange Zeiträume handelt. Dabei können es in Wahrheit durchaus nur wenige Augenblicke gewesen sein. Wenn der Zahnarzt bei Ihnen bohrt und dabei auf Nerven trifft, kann selbst eine Sekunde eine „Ewigkeit" sein. Der Ehemann, der zehn Minuten auf seine Frau wartet, damit es endlich ins Theater gehen kann, sagt schon mal: „Das hat ja wieder ewig gedauert." Länger wird es schon, wenn ein Mensch zu einer mehrjährigen Haftstrafe verurteilt wird und zehn Jahre hinter Gitter muss. Das ist nach menschlicher Lebenserfahrung tatsächlich schon eine Ewigkeit.

Ein Mensch lebt in Mitteleuropa im Durchschnitt ca. 80 Jahre. Das ist die menschliche Erfahrungswelt. Diese 80 Jahre sind für uns die erfahrbare „Ewigkeit". Wir wissen bewusst nichts von der Zeit vor unserer Geburt und der Zeit nach unserem Tod. Wir existieren scheinbar nur diese 80 Jahre, von der Geburt bis zum Tod. Unsere Existenzzeit ist 80 Jahre, Gottes Existenz-*(Zeit)* ist ewig. Wir setzen deshalb zum besseren Verständnis der göttlichen Eigenschaft „ewig" den Begriff „Ewigkeit" *hilfsweise* mit 80 Jahren gleich. Diese Vereinfachung werden wir später verwenden, um verschiedene Fragen nachvollziehbar zu beantworten, z. B. die Theodizee.

C 5   Gott ist „Geist" und ein „verborgener Gott"

Gott ist nach der Bibel ein rein geistiges Wesen, er **ist** „Geist". Weil Gott der Ursprung von allem ist, er alles aus sich heraus geschaffen hat, ist er notwendigerweise die Quelle von allem. In diesem Sinne ist die gesamte Schöpfung von Gott durchwirkt und er ist in allem „enthalten". Obwohl der Geist nichts Materielles an sich hat, steckt er dennoch in jedem materiellen Teil der Welt, in jedem Atom, er liegt „in der Luft" und natürlich ist auch der immaterielle Teil der Schöpfung von Gott durchwebt. Gott ist der Geist und damit der Hort, die Wurzel und der Quell von allem. Er ist die Gesamtheit von allem, von allen Gedanken, Gefühlen, Ideen, Melodien, Romanen usw. Da er reiner Geist ist, ist er für den in der materiellen Welt lebenden Menschen nicht unmittelbar wahrnehmbar. Dennoch ist er da, in jedem Stück der materiellen Welt. Jesus drückt das so aus: *„Das Reich Gottes kommt nicht so, dass man's mit Augen sehen kann; man wird auch nicht sagen: Siehe hier!, oder: Da! Denn siehe, das Reich Gottes ist mitten unter euch"* (Lk. 17,20–21).

Dadurch, dass Gott „Geist" ist, erklärt sich zugleich, dass er für uns Menschen auch ein „verborgener Gott" ist. Er ist in der materiellen Welt nicht unmittelbar sichtbar für uns. Natürlich könnte er sich in seiner Allmacht für uns sichtbar machen. Möglicherweise hat er das schon getan und wir haben ihn nur nicht erkannt. Vielleicht haben wir dann von „Phänomenen" oder „Wundern" gesprochen. Von etwas, dass wir nach unserer Überzeugung zwar jetzt noch nicht, aber sicher später einmal „natürlich" –ohne Gott – werden erklären können. Typischerweise glauben wir aber nicht, dass sich in diesem oder jenem Phänomen Gott selbst sichtbar gemacht hätte. Als Beweise für seine Existenz akzeptieren wir sie schon gar nicht.

Warum aber ist Gott für uns ein „verborgener" Gott? Warum zeigt er sich uns nicht in unserem täglichen Leben? Wenn es ihn wirklich gibt, warum macht er es uns nicht viel einfacher, an ihn zu glauben? Es gibt einen triftigen und einfach nachzuvollziehenden Grund, warum Gott uns während unserer irdischen Existenz grundsätzlich „verborgen" bleibt, warum er für uns normalerweise nicht „sichtbar" ist. Um diesen Grund verstehen zu können, müssen wir jedoch zunächst unsere zehn Fragen beantworten. Ich werde den Grund deshalb später im Rahmen der Bearbeitung der zehn Fragen an der passenden Stelle erläutern. Hier gilt es zunächst nur festzuhalten, dass Gott „Geist" und gleichzeitig „verborgen" ist.

C 6   Gott ist gerecht

Diese Eigenschaft Gottes kollidiert offensichtlich ebenfalls mit den Realitäten in dieser Welt. Ist es gerecht, dass es vielen Menschen erbärmlich geht, während andere in Saus und Braus leben? Warum werden nur manche Menschen von schweren Krankheiten heimgesucht oder Opfer von Gewalt oder Naturkatastrophen? Wenn Gott tatsächlich Wunder bewirken sollte, warum bewirkt er sie offensichtlich nur in Einzelfällen? Was ist an alledem gerecht?

Die Frage hängt eng mit der Theodizee zusammen. Auch hier bleibt die Kirche bisher eine befriedigende Antwort schuldig. Wenn wir unsere zehn Fragen beantworten, werden wir auch diesen Konflikt lösen.

Es bleibt deshalb dabei: Trotz der offensichtlich unterschiedlichen Schicksale der Menschen ist Gott ein „gerechter" Gott. Auch das ist im Rahmen unserer zehn Fragen nachvollziehbar zu begründen.

C 7   Gott ist ein Schöpfergott

Alles, was existiert, hat Gott erschaffen. Er ist im Sinne von Aristoteles der „Erstbeweger, der „Urgrund", der schon immer da war und keines Anfangsgrundes bedarf. Mit Gott fängt also alles an. Irgendwann hat er sich entschlossen, seine Schöpfung zu schaffen. Aber wie sieht diese Schöpfung eigentlich aus, was umfasst sie?

Offensichtlich das für uns erkenn- und erforschbare Universum. Wissenschaftler diskutieren Theorien, nach denen es neben unserem Universum unzählig viele Paralleluniversen geben könnte. Falls sie wirklich existieren, wären auch sie Teil von Gottes Schöpfung. Unser Universum und mögliche Paralleluniversen sind insgesamt der **materielle Teil** von Gottes Schöpfung. Er besteht aus einem sichtbaren und einem nicht direkt sichtbaren Teil. Der sichtbare Teil der Schöpfung umfasst alles, was wir mit unseren fünf Sinnen wahrnehmen können. Alles, was wir sehen, hören, riechen, schmecken und ertasten können. Die Annahme jedoch, dass dieser Teil, unsere durch unsere Sinne wahrnehmbare Umwelt, tatsächlich so ist, wie wir sie wahrnehmen, ist ein Trugschluss. Vieles, was wir für „wahr" halten, weil wir es doch mit eigenen Augen sehen, ist in Wirklichkeit völlig anders, als wir es erleben. Der Grund dafür ist, dass, vereinfacht gesagt, unser Gehirn den tatsächlichen Zustand unserer Umwelt für uns „verbraucherfreundlich" übersetzt. Wir finden uns mit der Übersetzung wesentlich besser in der Umwelt zurecht. Das Ganze ist das Ergebnis unseres evolutionären Entwicklungsprozesses. Z. B. sehen wir Farben und glauben, dass es tatsächlich Farben gibt. In Wirklichkeit handelt es sich jedoch bei jeder „Farbe" um eine bestimmte elektromagnetische Welle. Unser Gehirn „übersetzt" die Wellen in eine Farbwahrnehmung. Das, was wir mit unseren Sinnen aufnehmen, ist deshalb nicht „die Wirklichkeit", sondern nur ein Abbild davon.

Neben diesem direkt wahrnehmbaren Teil des Universums gibt es noch den nicht direkt wahrnehmbaren Teilbereich. Diesen Teil können wir nur mit Hilfsinstrumenten nachweisen, z. B. Röntgenstrahlen.

Schließlich existiert im materiellen Universum noch ein dritter Bereich, den wir, jedenfalls bisher, nur abstrakt mit mathematischen Formeln beschreiben können. Ein Beispiel dafür ist die im Universum (vermutlich) vorhandene „dunkle Materie", die noch niemand gesehen oder gemessen hat. Physiker sind jedoch aufgrund mathematischer Berechnungen überzeugt, dass es sie geben muss. Andernfalls könnte das Weltall nicht so existieren, wie es jetzt ist.

Obwohl der zweite und dritte Teil des Universums für uns nicht direkt wahrnehmbar sind, wir ihn deshalb als „immateriell" bezeichnen könnten, ist er dennoch Teil des insgesamt materiellen Universums. Dass die materielle Welt der Schöpfung diese drei Teile umfasst, ist von den Naturwissenschaften längst bewiesen und deshalb unstrittig. Ebenso unstrittig ist, dass der Mensch nur einen winzigen Ausschnitt, insbesondere aus dem dritten Teilbereich dieser Welt erfasst und überhaupt auch nur erfassen kann. Wer sich für eine wissenschaftliche und dennoch gut verständliche, noch dazu spannende und mit zahlreichen anschaulichen Beispielen gewürzte Darstellung dieses Themas interessiert, dem empfehle ich das Buch „Wir sind nicht nur von dieser Welt" von Hoimar von Ditfurth. Insbesondere der angesprochene dritte Teilbereich der materiellen Schöpfung Gottes kann, aus wissenschaftlicher Sicht, als eine „jenseitige", „transzendente" Welt angesehen werden. Gemeint ist damit, dass es dem menschlichen Gehirn in seinem heutigen evolutionären Entwicklungsstadium für alle Zeit unmöglich sein wird, diesen Bereich der Schöpfung zu erfassen und zu verstehen. Dieser Teil der Welt liegt außerhalb, *jenseits* der für den Menschen möglichen Erfahrung und Erkenntnis. Festzuhalten bleibt jedoch, dass es sich bei diesem „Jenseits" **nicht** um das „theologische Jenseits", also die „Welt Gottes" handelt. Es ist immer noch ein Teil des insgesamt materiellen Universums.

Wir haben also bereits Probleme, die materielle Schöpfung Gottes mit ihren drei Teilbereichen zu erfassen und zu begreifen. Richtig komplex und spannend wird es allerdings erst, wenn wir uns mit dem „geistigen Teil" befassen.

Zweifelsfrei gibt es auch diesen Teil der Schöpfung. Er ist gekennzeichnet durch alle geistigen Phänomene. Und dass es ihn tatsächlich gibt, erleben

Sie selbst in jedem Moment Ihres Lebens. Alle Ihre Gedanken, Ideen und Gefühle sind reiner Geist, haben nichts Materielles an sich. Wir hatten schon gesehen, dass Gott ein rein geistiges Wesen ist (z. B. Joh. 4,24). Ich bezeichne diesen Teil der Schöpfung als **„das Jenseits"** zur Abgrenzung gegenüber den von uns nicht direkt erfassbaren immateriellen zweiten und dritten Teilen des insgesamt materiellen Universums. Das Jenseits ist der geistige Teil der Schöpfung Gottes. Er unterscheidet sich dadurch von dem zweiten und dritten Bereich des Universums, sodass wir ihn weder mit Hilfsinstrumenten noch mit mathematischen Formel erforschen können. Auch mit unseren fünf Sinnen können wir ihn nicht greifen. Dennoch erleben wir diesen Bereich in jeder Sekunde unseres Daseins als real, wirklich existierend in Form geistiger Phänomene, wie Gefühle, Gedanken oder, in seiner höchsten Form, mit unserem Selbstbewusstsein. Da uns dieser Teil der Schöpfung mit naturwissenschaftlichen Methoden nicht zugänglich ist, können wir über die dort herrschenden Verhältnisse nur vorsichtig philosophisch und theologisch spekulieren. Eine solche erste Spekulation scheint mir schon hier vertretbar: Da Gott reiner Geist ist, dürfte in diesem Teil der Schöpfung auch alles andere rein geistiger Natur sein. Eine geistige Welt bedarf weder Raum noch Zeit. Es könnte deshalb Gottes „Aufenthaltsort" sein, in dem er „ewig" ist. Um bei dieser Wortwahl Missverständnisse zu vermeiden, erinnere ich nochmals daran, dass wir über die Verhältnisse im Jenseits nur spekulieren können. Es entzieht sich völlig unserem Vorstellungsvermögen, wie die Welt dort ist. Wir können unsere Spekulationen nur mit Worten ausdrücken, die zu unserer Welt passen, die aber mit absoluter Sicherheit nicht zu beschreiben vermögen, wie es dort tatsächlich ist. Da es dort weder Zeit noch Raum gibt, ist es deshalb natürlich „unsinnig", z. B. von Gottes „Aufenthaltsort" zu sprechen. Wo kein Raum ist, gibt es auch keinen lokalisierbaren „Ort". Auch die – gedankliche – räumliche Trennung zwischen dem Jenseits und dem materiellen Universum ist unserer begrenzten Vorstellungskraft geschuldet. In Wahrheit ist das Jenseits, der Geist, allumfassend, d. h., er ist naht- und übergangslos, raumlos mit der materiellen Welt verzahnt. Das Jenseits steckt in jeder Faser der materiellen Welt.

Ich halte somit fest: Die von Gott geschaffene Schöpfung umfasst nicht nur die dreiteilige materielle Welt des Universums (inklusive aller weiteren möglicherweise existierenden Universen), sondern auch eine rein geistige Welt, das Jenseits. Dabei ist die gedankliche Trennung dieser Welten eine künstliche Trennung, die mit Sicherheit so nicht existiert. Wie das Jenseits „aussieht", welche Bedingungen dort herrschen, entzieht sich unserer Kenntnis. Da wir keinerlei Möglichkeiten haben, das Jenseits wissenschaftlich zu erforschen, können wir darüber nur philosophisch oder theologisch spekulieren.

C 8   Zwischenergebnis

Ich fasse das Ergebnis unserer bisherigen Überlegungen zusammen:

1. Es gibt eine höhere Macht, die wir „Gott" nennen.
2. Gott hat folgende Eigenschaften:
    a. Er ist zornig, reizbar, strafend, rachsüchtig und eifersüchtig, kurzum:
        Er ist *menschlich*.
    b. Er ist ein liebender, barmherziger, gnädiger Gott.
    c. Er ist allmächtig und tut Wunder.
    d. Er ist ewig.
    e. Er ist Geist und verborgen.
    f. Er ist gerecht.
    g. Er ist ein Schöpfergott.

Eine umfassende, in sich schlüssige Theologie muss **alle** Eigenschaften Gottes berücksichtigen und widerspruchsfrei in alle Antworten auf unsere zehn Fragen integrieren.

D   Die zehn Fragen

D 1   Was war vor dem Urknall?

D 1.1   Drei theoretische Möglichkeiten

Bisher schlagen Wissenschaft, Philosophie und/oder Theologie drei Hypothesen dafür vor, was vor dem Urknall war:

- Vor dem Urknall war nichts. Das Universum ist selbständig aus dem Nichts entstanden. Bei dieser Hypothese besteht das Problem darin, zu erklären, wie aus „nichts" „etwas" entstehen kann. Das widerspricht unserer Erfahrung, Logik und unseren wissenschaftlichen Erkenntnissen. Stephen Hawkins hat unter Anwendung der so genannten M-Theorie versucht, den Nachweis zu führen, dass das Universum tatsächlich aus dem Nichts entstanden sei. Wie schon besprochen, ist das nicht gelungen. Das angebliche „Nichts" war doch schon „etwas".

- Das Universum ist das Ergebnis einer unendlichen Ursachenkette. Vor dem Urknall gab es schon eine unendliche, anfangslose Ursachenkette. Der Urknall ist sozusagen eine „Ursache" mittendrin in der gesamten Kette. Hierher gehört z. B. die (umstrittene) Theorie des pulsierenden Universums. Es ist nachgewiesen, dass sich unser Universum seit dem Urknall ausdehnt. Nach der Theorie des pulsierenden Universums wird diese Ausdehnung irgendwann zum Stillstand kommen und sich in eine Zusammenziehbewegung umkehren. Das Universum zieht sich wieder zusammen, kollabiert, bis es erneut auf einen winzigen Punkt verdichtet ist. Dieser explodiert dann wieder in einem neuen Urknall und die ganze Geschichte beginnt von vorn. Nach dieser Theorie würde das Universum endlos, auf ewig, immer neu entstehen und vergehen. Auch unser jetziges Universum hätte bereits endlose Vorgänger gehabt. Das Problem der Hypothese einer endlosen Ursachenkette ist, dass es keinen Anfang und auch kein Ende gibt. Auch das widerspricht unserer Erfahrung und Logik.

- Vor dem Urknall gab es eine Singularität. Etwas, was keine Ursache hatte, was einer solchen Ursache nicht bedurfte, was schon immer da war. Diese Singularität nennen wir „Gott". Hier stehen wir vor dem gleichen gedanklichen Problem wie bei den ersten beiden Hypothesen. Denn die Frage ist doch: Wo kommt Gott her, wie ist er entstanden? Auch hier fehlt uns wieder „ein Anfang".

Somit ist allen drei Vorschlägen gemeinsam, dass sie sich von unserem Verstand nicht fassen lassen, weil alle gegen unsere Erfahrungswerte und Logik verstoßen. Auch ist keine der drei Hypothesen „beweisbar". Gleichzeitig gibt es keine weiteren anderen Lösungsvorschläge. Damit ist es letztendlich egal, welche der drei Hypothesen Ihr Favorit ist. Sie befinden sich immer in der gleichen Situation: Sie können nichts beweisen, gleichzeitig kann aber auch niemand Ihre Position widerlegen. Es geht deshalb erneut darum, was Ihnen mit unserem heutigen Wissen „sinnvoller", „wahrscheinlicher", „glaubwürdiger" erscheint.

Ich habe mich für die dritte Hypothese entschieden. Erstens, weil ich die Vorfrage „Gibt es eine höhere Macht" schon mit „Ja" beantwortet habe. Meine Gründe, warum ich das für die „glaubwürdigste" Hypothese halte, habe ich bereits ausführlich dargelegt. Zweitens, weil das die Antwort der Bibel ist.

Wie dieser Gott „entstanden" ist, entzieht sich unserer Vorstellungskraft, können wir nicht erklären. Auch ich nicht. Gegenüber den anderen beiden Vorschlägen ist das indessen kein Nachteil, denn die beiden anderen können wir ebenfalls nicht erklären.

D 1.2 Warum hat Gott etwas erschaffen?

Dass es vor dem Urknall einen „ewigen Gott" gab, reicht mir aber als Antwort nicht aus. Mich interessiert zusätzlich, wie vor dem Urknall die „Gesamtlage" um Gott herum war. Gab es außer Gott noch irgendetwas anderes? Was ist die Vorgeschichte zum Urknall?

Als wir uns mit Gottes Eigenschaften beschäftigt haben, hatten wir gesehen, dass Gott reiner Geist ist. Gleichzeitig ist Gott nach der Bibel auch der Schöpfergott, der **alles** erschaffen hat. Vor seinem allerersten Schöpfungsakt gab es somit außer ihm selbst notwendigerweise nur das Nichts. Am Anfang war Gottes Geist allein, ohne seine Schöpfung: *„... und der Geist Gottes schwebte auf dem Wasser."* (1. Mo., 1,2).

Was könnte Gott veranlasst haben, etwas zu erschaffen? Warum gibt es uns und die Welt?

Nach der christlichen Lehre gibt es dafür zwei Gründe:[13]

- Der *subjektive* Schöpfungszweck ist Gottes Liebe zu seiner absoluten Güte. Diese bewog ihn, endliche Wesen zu schaffen, um ihnen von seiner eigenen Güte mitzuteilen. Begründet wird das aus der Bibel z. B. mit Spr. 16, 4: *„Der Herr macht alles zu seinem Zweck ..."*
- Der *objektive* Schöpfungszweck ist *primär* die Offenbarung der göttlichen Vollkommenheit und die daraus sich ergebende Verherrlichung Gottes. Als Begründung aus der Bibel dienen z. B. Ps. 146–150. *Sekundärer* Zweck ist die Spendung von Wohltaten an die erschaffenen Geschöpfe, vgl. z. B. Ps. 8,6–10.

Im Kern besagen diese Gründe, dass Gott die Menschen zu seiner eigenen Glorifizierung geschaffen hat. Er braucht sie, damit er ihnen seine unendliche Güte und Vollkommenheit demonstrieren kann. Dazu spendet er ihnen Wohltaten, und die Menschen loben und verherrlichen ihn.

Wenn das tatsächlich die Gründe für die Schöpfung sind, ergibt sich daraus dreierlei:

Erstens zeigen sie einen auf sich selbst bezogenen, selbstsüchtigen, eitlen Gott, der Wesen benötigt, die nur dazu da sind, ihn unablässig zu loben und zu verherrlichen. Schon Descartes hat angemerkt, dass es sich bei diesen Gründen um eine verwerfliche Selbstsucht Gottes handle. Die Kirche verwirft diesen Einwand mit folgender Argumentation als unberechtigt: „... *weil die Vollkommenheit und Glückseligkeit Gottes durch die Geschöpfe nicht vermehrt werden kann und weil die Tätigkeit Gottes als des höchsten Gutes notwendig auf den höchsten Zweck hin geordnet sein muss.*"[14] Ich lasse das unkommentiert so stehen.

Zweitens zeigen sie eine extreme Distanz zwischen Gott und seinen Geschöpfen, die lediglich eine Statistenrolle haben. Gott thront hoch über allem, allmächtig, unendlich gut, vollkommen und unnahbar. Der Mensch ist ständig damit beschäftigt, Gott zu loben.

Drittens bedarf es bei diesen Schöpfungsgründen keiner materiellen Welt. Es hätte genügt, wenn Gott dazu geistige Wesen ohne materielle Körper geschaffen hätte, die mit ihm im Jenseits leben. Das Universum wäre überflüssig. Die christliche Lehre basiert jedoch auf der Annahme, dass es vor dem Urknall nur Gott allein gab. Danach umfasst seine Schöpfung lediglich das materielle Universum. Einen jenseitigen „Raum" neben dem Universum gibt es nicht.

Die von der Kirche angeführten Schöpfungsgründe sind deshalb nicht überzeugend. Sie führen zu einem ziemlich bizarren Gottesbild, das mit den in der Bibel genannten Eigenschaften Gottes nicht zusammenpasst. Die angeführten Bibelstellen sprechen nicht eindeutig für eine derartige Position. Wie wir gleich sehen werden, können sie auch anders ausgelegt werden.

Es stellt sich deshalb die Frage, ob es nicht einen anderen, verständlicheren

Grund für Gottes Entschluss gibt, etwas zu erschaffen. Halten wir uns noch einmal die Ausgangssituation vor Augen: Außer Gott gab es nichts. Er war allein. Nach der von der katholischen Kirche angeführten Bibelstelle, Spr. 16,4, macht Gott alles zu **seinem Zweck,** also für sich. Neben den von der katholischen Kirche favorisierten Zwecken lassen sich auch andere Zwecke denken. Was liegt z. B. näher, als zu vermuten, dass Gottes Grund für die Schöpfung war, seiner Einsamkeit zu entfliehen. Er wollte Gesellschaft, Gemeinschaft, ansprechbare Gegenüber. Deshalb entschloss er sich, Geschöpfe zu schaffen. Auch dieser Schöpfungsgrund ist notwendigerweise auf Gott selbst bezogen, „zu seinem Zweck", und somit zunächst ein selbstsüchtiger Grund. Das würde jedoch auch für jeden anderen Grund gelten. Da es außer Gott nichts gibt, auf was sollte sich sonst ein Grund für seine Schöpfung beziehen? Deshalb ist **jeder** Grund, den Gott für die Schöpfung hatte, auch ein selbstsüchtiger. Diese „Selbstsucht" ist zunächst allerdings völlig wertneutral. Ob der selbstsüchtige Grund am Ende negativ oder positiv zu bewerten ist, hängt davon ab, wie Gott die Schöpfung gestaltet. Bei der Position der Kirche ist der „selbstsüchtige" Grund am Ende negativ besetzt, weil die Geschöpfe von Gott zu Statisten, zu Claqueuren degradiert werden. Schafft Gott seine Geschöpfe dagegen, um Partner, Gegenüber zu haben, so wandelt sich der „selbstsüchtige" Schöpfungsgrund ins Positive, weil die Geschöpfe dann notwendigerweise mit Gott bis zu einem gewissen Grad „auf Augenhöhe" sein müssen. Andernfalls wären sie keine adäquaten Ansprechpartner Gottes. Wir können deshalb sinnvollerweise davon ausgehen, dass Gott seine Geschöpfe deshalb schuf, um Gegenüber zu haben, die (fast) auf Augenhöhe mit ihm zusammenleben. Anzumerken ist, dass auch bei diesem Schöpfungsgrund eine materielle Welt, das Universum, nicht erforderlich ist.

Der Schöpfungsgrund, „ansprechbare Gegenüber zu haben", erfordert, dass die Geschöpfe Gott fast gleich sind, oder zumindest sehr ähnlich. Andernfalls kämen sie als „Ansprechpartner", „Gegenüber" nicht in Betracht. Die Bibel gibt uns Hinweise, dass diese „Fast-Augenhöhe" tatsächlich gegeben ist. Nach1. Mo. 1,26 und 27 schuf Gott den Menschen nach „... *ein(em) Bild, das uns gleich sei ...*", und: „*Und Gott schuf den Menschen zu seinem Bilde, zum Bilde Gottes schuf er ihn.*" Da Gott reiner Geist ist, kann damit kein „körperliches", materielles Abbild gemeint sein. Vielmehr deuten diese Stellen darauf hin, dass Gott immaterielle Wesen geschaffen hat, ihm ähnliche Geschöpfe, rein geistige Wesen. Die Ähnlichkeit beschränkt sich jedoch nicht nur auf „die Gestalt" (geistig, immateriell), sondern auch auf den „Intellekt", die „geistige Potenz". Ps. 8,6 unterstreicht das: „*Du hast ihn* (den Menschen) *wenig niedriger gemacht als Gott, mit Ehre und Herrlichkeit hast du ihn gekrönt.*" Im ersten Schritt bestand Gottes Schöpfung demnach aus immateriellen geistigen Wesen, die fast „auf Augenhöhe" mit ihm sind. Diese von Gott geschaffenen Wesen bezeichne ich als „Seelen".

Können wir die Seelen noch näher beschreiben? Naturgemäß sind wir hier auf Spekulationen angewiesen. Was man in unterschiedlichen Kulturen, Religionen, in Philosophie, Psychologie und Wissenschaft unter einer Seele versteht, ist z. B. im Internet unter „de.wikipedia.org/wiki/ seele" übersichtlich zusammengefasst.

Besonders östliche Kulturkreise und an diese angelehnte westliche, esoterische Theorien definieren die Seele als „Energie". Auch Theologen folgen dieser Idee, z. B. Vito Mancuso.[15] Das Problem dieser Theorie besteht darin, zu erklären, wie aus Energie eine selbstbewusste Persönlichkeit, das „Ich" entsteht. Eine überzeugende Erklärung dafür steht noch aus. Nach der von mir hier vertretenen Gesamttheorie kann die Seele dagegen gerade **nicht** Energie sein. Denn „Energie" ist zwar immateriell, aber dennoch Teil des materiellen Universums. Sie hängt von der Existenz des Universums ab, hängt geradezu an ihm dran. Energie wurde erst zusammen mit dem Universum, der materiellen Welt, von Gott geschaffen. Bei den Seelen handelt es sich jedoch um einen separaten Schöpfungsakt, der von der Erschaffung der materiellen Welt getrennt zu sehen ist. Wenn das Universum irgendwann einmal untergehen wird, geht auch alle Energie mit unter, nicht jedoch die Seele, da sie kein Teil des Universums ist. Sie ist vielmehr eine eigene, von der materiellen Welt des Universums unabhängige „Substanz", die neben dem Universum existiert.

Ich definiere Seele deshalb wie folgt: Es handelt sich um eine eigene, immaterielle Substanz, die ein Selbstbewusstsein und eine eigene Identität, ein eigenes „Ich" hat. Diese Substanz wurde direkt von Gott geschaffen und umfasst das gesamte Spektrum der geistigen Phänomene, wie Gedanken, Gefühle und andere geistigen Akte. Die Seele ist nicht Teil der materiellen Welt, des Universums, sondern Teil des „Jenseits", der Welt Gottes.

Da Gott der allumfassende Geist ist und er die Seelen erschaffen hat, kann die Seele konsequenterweise auch **nicht** „Geist" in diesem Sinne sein. Denn sonst wäre sie gottgleich. Obwohl die Seele durch geistige Phänomene charakterisiert ist, ist sie nicht der Geist selbst. Der allumfassende, allmächtige Geist Gottes ist vielmehr der Fundus, die Quelle, aus der die Seelen schöpfen. Die Seelen „zapfen" sozusagen den Geist Gottes an, um Gedanken usw. zu entwickeln. Gott ist der Ursprung aller Gedanken, Ideen, Theorien usw., die eine Seele hat. Völlig unklar ist, in welchem Zustand Gott Seelen erschaffen hat und wie danach das Zusammenspiel zwischen Gott und den Seelen „funktioniert". Sind sie „fix und fertige Geschöpfe" oder haben sie einen Wissensstand, den sie ständig weiterentwickeln, ähnlich einem Neugeborenen, das seinen Horizont sukzessive erweitert? Wie ist, mit anderen Worten, die „Grundausstattung" einer neu geschaffenen Seele? In jedem Fall handelt es sich bei einer Seele um eine geniale Schöpfung Gottes, die unser Vorstellungsvermögen völlig sprengt und übersteigt.

Die von Gott geschaffenen Seelen sind keine „Menschen". Der Mensch besteht aus einem materiellen Körper und der immateriellen Seele. Insofern ist die Seele zwar ein Teil eines Menschen, sie allein macht jedoch noch keinen kompletten Menschen aus.

D 1.3 Wann hat Gott die Seelen erschaffen?

Es stellt sich automatisch die Frage, **wann** Gott die Seelen erschaffen hat. Die Antwort darauf ist von ungeheurer Sprengkraft. Je nachdem, wie man sie beantwortet, manövriert man sich, wie die Kirche, entweder in eine Sackgasse oder erkennt den großen Zusammenhang und kommt zu widerspruchsfreien Lösungen.

Die Kirche ist der Auffassung, dass die Welt, gemeint ist das Universum, von Gott in einem Akt geschaffen wurde.[16] Vorher gab es außer Gott selbst nichts anderes. Begründet wird das mit verschiedenen Bibelstellen, z. B. Joh. 17,5, Eph. 1,4 oder Spr. 8,22 ff. Der Mensch wurde von Gott in dieses bereits bestehende Universum hineingeschaffen, 1. Mo. 1,26 ff. Er besteht aus einem materiellen Körper und einer immateriellen Seele, 1. Mo. 2,7, Mt. 10,28. Die Seele wird von Gott **im Moment der Zeugung eines Kindes** neu geschaffen und dem materiellen Körper hinzugefügt. Diese letzte Behauptung, dass die Seele bei der Zeugung geschaffen wird, ist aus der Bibel nicht zu entnehmen. Sie wurde von der christlichen Lehre entwickelt.[17] Wichtig ist, dass somit nach kirchlicher Auffassung Gott fortlaufend bei der Zeugung eines Kindes jedes Mal eine neue Seele erschafft.

Diese Sichtweise hat schwerwiegende Konsequenzen:

- Da unser Leben erst mit der körperlichen Zeugung beginnt, kommt unserem Leben auf der Erde eine extrem wichtige Bedeutung zu. Von unserem Verhalten während des irdischen Lebens hängt unser „ewiges" Schicksal ab.
- Unsere irdische Lebenszeit von durchschnittlich ca. 80 Jahren ist im Vergleich zur Ewigkeit nichts. Wegen dieser Unverhältnismäßigkeit kollidiert die Annahme der Erschaffung der Seele bei der Zeugung mit Gottes absoluter Liebe und Barmherzigkeit. Wie kann ein liebender, barmherziger Gott eine **ewige** Verdammnis aufgrund eines Verhaltens

während der lächerlich kurzen Zeitspanne von ca. 80 Jahren aussprechen?

- Wenn alles auf das kurze irdische Leben fixiert ist, wie ist es dann um Gottes Gerechtigkeit bestellt? Wie kann es sein, dass viele Menschen unter komfortablen Bedingungen leben, andere dagegen in bitterer Armut?
- Und schließlich ergibt sich aus der Auffassung der Kirche das Theodizee-Problem. Wie kann der liebende und allmächtige Gott das Leid in der Welt zulassen? Die Frage stellt sich in ihrer ganzen Schärfe nur deshalb, weil der Mensch eben nur dieses kurze irdische Leben zur Verfügung hat.

Die Kirche hat auf all diese Fragen einerseits keine Antworten und hat sich andererseits selbst in diese schwierige Situation hineinmanövriert. In der Bibel findet sich kein eindeutiger Hinweis zu der Frage, **wann** Gott die Seelen geschaffen hat. Aus dem Schöpfungsbericht ergibt sich lediglich, dass Gott dem materiellen Körper des Menschen seinen Odem, die Seele, einhaucht. Das besagt aber nur, dass die Seele dem Körper bei der Zeugung oder der Geburt **hinzugefügt** wird. Über den **Zeitpunkt der Erschaffung** der Seele ist damit nichts ausgesagt. Sie kann sehr wohl bereits vorher existiert haben. Die Position der Kirche ist eine mögliche Interpretation der biblischen Texte. Da sie jedoch zu den beschriebenen Konflikten führt, ist zu fragen, ob eine andere Interpretation sinnvollere Ergebnisse ergibt, die insbesondere nicht in Konflikt zu Gottes Liebe, Barmherzigkeit und Gnade stehen.

Eine solche alternative Interpretation ist, dass die Seelen bereits vor ihrer irdischen Geburt existieren. Neu ist diese Ansicht nicht. Schon Plato (427–347 v. Chr.) war der Auffassung, dass die Seele eines Menschen bereits lange vor seiner Geburt existiert, und zwar bereits von Ewigkeit her. Sie besteht auch nach dem Tod des Körpers unversehrt weiter. Nach Plato ist die Seele während des irdischen Daseins an den Körper gefesselt. Er sieht den Körper als ein Gefängnis der Seele. Auch innerhalb der Kirche selbst wurde diese Sichtweise von bedeutenden Theologen, z. B. Origenes (182–254 n. Chr.) oder den Anhängern des spanischen Theologen Priscillian (340–385 n. Chr.), den Priscillianisten, vertreten. Ihre Sichtweise wurde jedoch auf den Synoden in Konstantinopel (543) und Braga (561) verworfen und als ketzerisch gebrandmarkt.

Ziehen wir die Bibel zu Rate. Liefert sie uns Anhaltspunkte, was den Zeitpunkt der Erschaffung der Seele betrifft?

Die Bibelstelle Spr. 8,22 lautet: *„Der Herr hat mich schon gehabt im Anfang seiner Wege, ehe er etwas schuf, von Anbeginn her."* Und weiter in Vers 23–26: *„Ich bin eingesetzt von Ewigkeit her, im Anfang, ehe die Erde war. Als die Meere noch nicht waren, ward ich geboren, als die Quellen noch nicht waren, die von Wasser fließen. Ehe denn die Berge eingesenkt waren, vor den Hügeln ward ich geboren, als er die Erde noch nicht gemacht hatte ..."* Das ist ein mehr als deutlicher Hinweis darauf, dass die Seelen vor der irdischen Geburt eines Menschen existieren. Man kann daraus zudem schließen, dass sie sogar schon vor der Erschaffung der materiellen Welt, des Universums, existierten (*... im Anfang, ehe die Erde war/... als er die Erde noch nicht gemacht hatte*). Möglicherweise standen die Seelen Gott sogar als eine Art „Ratgeber" bei der Schaffung des Universums zur Seite. Denn in Spr. 8,29–31 heißt es dann weiter: *„... als er die Grundfesten der Erde legte, da war ich seine Lust täglich und spielte vor ihm allezeit; ich spielte auf seinem Erdkreis und hatte meine Lust an den Menschenkindern."*

Die These, dass Gott zunächst nur die Seelen geschaffen hat, aber noch nicht das Universum, wird auch massiv durch die beiden Schöpfungsberichte in 1. Mo. 1 und 2 sowie Jes. 11,6–7 gestützt. Es ist inzwischen selbst von der katholischen Kirche anerkannt, dass der Schöpfungsbericht in 1. Mo. 1 nicht wörtlich ausgelegt werden kann, denn er steht im Widerspruch zu den wissenschaftlichen Erkenntnissen, insbesondere zur Urknall- und zur Evolutionstheorie. Es ist deshalb nach seinem Sinngehalt zu fragen. Die Kernaussage des biblischen Schöpfungsberichts ist, dass Gott alles, was existiert, geschaffen hat. Das steht auch im Einklang mit dem Gesamtkontext der Bibel. Für unsere Fragestellung, wann Gott die Seelen erschaffen hat, ist 1. Mo, 1,26 und 27 von Bedeutung. Wie schon besprochen, ergibt sich daraus, dass Gott immaterielle, geistige Wesen geschaffen hat.. Immaterielle Seelen benötigen für ihr Dasein kein materielles Umfeld. Deshalb ist das in der Bibel materiell beschriebene Paradies, der Garten Eden, in dem die Seelen zunächst leben, in Wirklichkeit das immaterielle Umfeld, der Urzustand von Gottes Schöpfung, das Jenseits. Die materielle Welt, das Universum, unsere Erde gab es noch nicht. Das ergibt sich deutlich aus den biblischen Hinweisen, wie das Paradies beschaffen ist. In 1. Mo. 2, dem so genannten zweiten Schöpfungsbericht, werden die Zustände im Paradies geschildert. Auffällig ist, dass alle Tiere und der Mensch völlig friedlich nebeneinanderleben. Es gilt nicht das Gesetz von Fressen und Gefressenwerden. Da aber z. B. ein Löwe Fleisch benötigt, um zu leben, kann dieses Idyll nur immateriell gemeint sein. Die gleiche Schlussfolgerung lässt sich aus der Beschreibung des Paradieses bei Jesaja ziehen. In Jes. 11,6 und 7 heißt es: *„Da werden die Wölfe bei den Lämmern wohnen und die Panther bei den Böcken lagern. Ein kleiner Knabe wird Kälber und junge Löwen und Mastvieh miteinander treiben. Kühe und Bären werden zusammen weiden, dass ihre Jungen beieinander liegen, und Löwen werden Stroh fressen wie die Rinder."* In der materiellen Welt ist das schon „technisch" nicht möglich. Ein Löwe ist nun mal ein Fleischfresser und würde bei reinem Stroh- oder Graskonsum nicht überleben. Es würde auch nicht viel Sinn machen, in einer materiellen Welt Fleisch- und Pflanzenfresser zu erschaffen, die dann nicht entsprechend lebten. Daraus folgt, dass die Beschreibung der Zustände im Paradies symbolisch als Metapher für das immaterielle Paradies zu verstehen ist. Der Urzustand der Schöpfung, das Paradies, ist eine immaterielle, geistige Welt, in der Gottes Geschöpfe, die Seelen, mit Gott zusammenleben. Es gibt keine Zeit und die Seelen existieren ewig, der Tod ist nicht existent. Gott thront nicht unnahbar über seinen Geschöpfen. Das wäre nicht in seinem Sinne. Denn er wollte doch Gesellschaft, Gefährten, Gedankenaustausch. Er wollte „mittendrin" sein. Entsprechend spricht Gott mit seinen Geschöpfen und wandelt unter ihnen, vgl. 1. Mo. Kapitel 1–3. Und sein sehnlichster Wunsch war und ist es, dass seine Geschöpfe ihn lieben, so wie er sie vorbehaltlos liebt. Aus diesem Wunsch Gottes, geliebt zu werden, ergibt sich zwangsläufig ein gewichtiges Wesensmerkmal, das er den Seelen geben musste. Er musste ihnen eine Wahlmöglichkeit einräumen und sie deshalb mit einem freien Willen ausstatten. Denn Liebe wird einem frei-willig geschenkt. Eine erzwungene Liebe ist ihren Namen nicht wert und stillt die Sehnsucht nach Liebe nicht. Hätte deshalb Gott seinen Geschöpfen den freien Willen nicht gegeben und sie stattdessen gezwungen, ihn zu lieben, seine Anweisungen und Wünsche zu befolgen, so wäre das für ihn unbefriedigend. So wie wir Menschen nur in einer freiwillig geschenkten Liebe Erfüllung finden, so ergeht es auch Gott. Der Wunsch Gottes, von seinen Geschöpfen geliebt zu werden, ist der Grund dafür, warum die Seelen einen freien Willen haben. Der freie Wille impliziert aber nicht nur die Wahlmöglichkeit, Gott zu lieben oder nicht, sondern die Seelen können generell zwischen „Gut" und „Böse" wählen. Damit haben die Seelen eine völlig andere Qualität als nach der Lehre der Kirche. Dort sind die Menschen (Seelen) nur Statisten, zur Glorifizierung Gottes erschaffen. Nach der hier vorgestellten Auffassung sind die Seelen jedoch Geschöpfe, die mit Gott (fast) „auf Augenhöhe" sind. Sie sind Partner Gottes, er lebt mitten unter ihnen, thront nicht unnahbar über ihnen. Sie sind Gott sehr ähnlich, aber nicht gleich.

Die Frage nach dem Zeitpunkt der Erschaffung der Seelen können wir somit wie folgt beantworten: Als ersten Schöpfungsakt hat Gott die Seelen erschaffen. Die biblischen Texte legen zudem nahe, dass die Seelen vor der Erschaffung der materiellen Welt, des Universums, erschaffen wurden. Gleichzeitig ist dieser Punkt nicht von entscheidender Bedeutung. Es ist auch möglich, dass Gott sowohl die Seelen als auch die materielle Welt in einem Akt geschaffen hat. Wichtig ist jedoch, dass die Seelen in jedem Fall zunächst nicht in die materielle Welt „integriert" waren. Sie lebten im Jenseits, hatten keine Berührung mit der materiellen Welt und wurden durch einen separaten Schöpfungsakt geschaffen.

Wie ich noch zeigen werde, ebnet diese Sichtweise den Weg, um die diversen Fragen, z. B. die Theodizee, zu lösen. Die gesamte Theologie des Christentums wird dadurch „rund" und widerspruchsfrei.

D 1.4 Wie leben die Seelen mit Gott im Jenseits zusammen?

Die Einzelheiten des Zusammenlebens zwischen Gott und den Seelen im Jenseits können wir uns nicht vorstellen. Diese Welt muss so phantastisch sein, dass das großartige Gebilde des Universums im Vergleich dazu ein Nichts ist. Das Jenseits existiert ewig, es gibt weder Zeit noch Raum, und es ist dafür gesorgt, dass es auf ewig interessant bleibt. Es gibt nicht das immer wiederkehrende Gleiche wie in unserer materiellen Welt. Gott ist das allumfassende Wissen, das unendlich vielfältig ist und alles in sich vereinigt. In Gott sind alle in alle Ewigkeit möglichen Gedanken, Ideen, Melodien und sonstige für uns nicht vorstellbare geistigen Phänomene gebündelt. Da er deshalb der Ursprung von allem ist, müssen auch alle Gedanken, Ideen usw. von ihm ausgehen. Wo sollten sie sonst herkommen? Wie vollzieht sich aber der „Export" der Gedanken usw. aus Gott heraus zu den Seelen und wie werden sie von diesen „weiterverarbeitet"? Vielleicht hilft uns ein Bild aus unserer Erfahrungswelt. Stellen wir uns Gott hilfsweise als einen „Sender" vor, der ständig, ohne Pause, bis in alle Ewigkeit aus seinem unendlichen Fundus Gedanken, Ideen, Melodien usw. „sendet". Die mit ihm zusammenlebenden Seelen haben „Antennen", mit denen sie diese Gedanken, Ideen usw. auffangen. Ob der „Empfang" zufällig oder von Gott selbst oder den Seelen gesteuert wird, ist naturgemäß völlig unklar. Wir sind hier auf Spekulationen angewiesen. Gleichzeitig ist wiederum ein Bild aus unserem Alltag hilfreich. Heutzutage können Sie über Satellit unzählige Radiostationen empfangen und das Ihnen genehme Programm auswählen: Popmusik, Klassik, politische

Diskussionen, Nachrichten, Kultur, Reportagen, Sport, Hörspiele, Krimis usw. Gott vereinigt in sich unendlich viele „Sender" und die Seelen empfangen zufällig, nach eigener Auswahl oder nach irgendeinem anderen System, „ihren" Sender. Die empfangenen „Sendungen" verarbeiten die Seelen dann zu eigenen Gedanken, Ideen, Melodien usw.

Das beschriebene System ist in Abbildung 1 dargestellt.

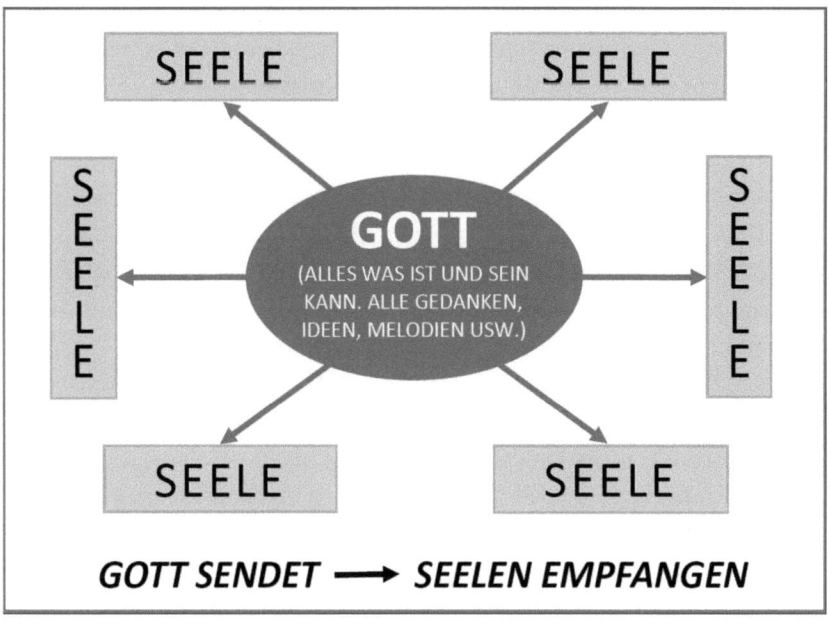

Abbildung 1

Vor dem Urknall gab es somit im Jenseits zwei „Wesen": Den ewigen, allumfassenden, allmächtigen Geist/Gott und die von ihm geschaffenen immateriellen Seelen, die aus einer eigenen Substanz bestehen.

D 1.5   Zusammenfassung

Die Frage „Was war vor dem Urknall?" beantworte ich zusammenfassend wie folgt:

- Es existierte zunächst nur die Singularität „Gott", die es ewig gibt und die keiner Ursache bedarf. Gott ist der Ursprung von allem.
- Um nicht weiter allein zu sein, erschafft Gott „Gegenüber, Ansprechpartner, ihm ähnliche Geistwesen", die Seelen.
- Da Gott von seinen Geschöpfen frei-willig geliebt werden möchte, haben die Seelen als ein wesentliches Merkmal einen freien Willen. Sie können zwischen Gut und Böse wählen. Damit sind die Seelen keine Statisten, die nur dazu da sind, Gott zu loben und zu verherrlichen. Sie sind mit Gott –nahezu – auf Augenhöhe, weil Gott das so wollte. Er wollte keine sklavisch Untergebenen, sondern Partner.
- Die Seelen leben in enger Gemeinschaft mit Gott in einer immateriellen Welt, dem Jenseits. Dort existiert weder Raum noch Zeit. Gott thront nicht hoch über den Seelen, sondern ist mitten unter ihnen.
- Das Miteinander in dieser Gemeinschaft ist durch von Gott bestimmte Gesetze geregelt. Bei Verstößen gegen diese Gesetze drohen Strafen.
- Gott „sendet" ohne Unterlass Gedanken, Ideen usw. aus, die von den Seelen „empfangen" werden und dann zu eigenen Ideen, Gedanken usw. verarbeitet werden.

D 2. Warum gab es den Urknall?

D 2.1   Erziehungsmaßnahme „Stubenarrest"

Nun existiert aber neben der immateriellen Welt, dem Jenseits, zweifellos auch die materielle Welt. Wir leben in einem materiellen Universum und wir selbst sind ja, teilweise, aus Materie. Wieso gibt es also diesen Teil der Welt? Warum hat Gott seiner Schöpfung auch noch einen materiellen Teil hinzugefügt? Wieso sind wir Menschen keine reinen Geistwesen, sondern haben offensichtlich zusätzlich noch einen materiellen Körper? Warum hat Gott es nicht bei dem ursprünglichen Zustand belassen?

Um die Frage zu beantworten, werfen wir noch einmal einen Blick auf die Situation vor dem Urknall. So wie die Menschen hier auf Erden eine Gemeinschaft bilden, so leben auch die Seelen und Gott im Jenseits als Gemeinschaft zusammen. In einer Gemeinschaft mit Wesen, die einen freien Willen besitzen, muss das Zusammenleben durch Gesetze geregelt sein. Andernfalls droht das Chaos. Für das Zusammenleben der Seelen im Jenseits hat Gott diese Gesetze vorgegeben. Da die Seelen einen freien Willen haben, wird es zu Gesetzesübertretungen kommen. Solche Verstöße müssen sanktioniert werden. Da wir uns die immaterielle Welt nicht wirklich vorstellen können, wissen wir naturgemäß nicht, welche Gesetzesübertretungen vorkommen können. Klar ist nur, dass es sich um psychische, immaterielle Verfehlungen handeln muss. Die in unserer materiellen Welt vorkommenden Verfehlungen wie Diebstahl, Körperverletzung, Einbruch, Mord und ähnlich „Materielles" existieren dort nicht. Dennoch haben wir Anhaltspunkte, um was es gehen könnte, denn auch in unserer materiellen Welt gibt es immaterielle Vergehen. Beispiele sind: Lügen, Verrat, Intrigen, Mobbing usw. Vermutlich sind auch in der immateriellen Welt die Vergehen unterschiedlich „schwer" und ziehen entsprechend unterschiedlich schwere Strafen nach sich. Ein Teil der Strafen wird sich im Rahmen des immateriellen Jenseits bewegen.

In der Bibel wird **stellvertretend** für das gesamte Regelwerk und die dazugehörigen Strafen **eine** Gesetzesübertretung hervorgehoben und deren Sanktionierung beschrieben.

In 1. Mo. 3 wird das Verbrechen, der Sündenfall, beschrieben. Er besteht in dem immateriellen Vorgang, dass Adam und Eva Gott hintergehen, sie missachten eine Anweisung Gottes. Als Strafe dafür verbannt Gott die Seelen aus dem Paradies, 1. Mo. 3,23–24. Er verjagt sie aus der immateriellen, paradiesischen Welt. Damit dies möglich ist, muss neben der immateriellen Welt noch eine materielle Welt bestehen. Gott hat diese Welt durch den Urknall geschaffen, entweder in einem einheitlichen Akt zusammen mit der Erschaffung der Seelen oder erst später, als die Seelen bereits im Jenseits existierten. In diese materielle Welt, das Universum, werden die Seelen verbannt. In diesem Sinne ermöglicht der Urknall die Vertreibung aus dem Paradies und ist Gottes Schöpfungsakt für den materiellen Teil der Welt. Die materielle Seite der Schöpfung dient Gott dazu, Seelen bei bestimmten Vergehen zu bestrafen. Welche Vergehen diese Strafe nach sich ziehen, können wir nicht wissen. Es scheint jedoch die „Höchststrafe" zu sein. In 1. Mo. 2,16 ff. sind die unangenehmen Begleitumstände des Aufenthalts in dieser materiellen Welt genannt, insbesondere muss der materielle Mensch am Ende seines diesseitigen Aufenthalts sterben.

Aus dem Paradies wird die immaterielle Seele verbannt und für die Zeit ihres diesseitigen Aufenthalts von der Geburt bis zum Tod an einen materiellen Körper gekettet. Der Mechanismus dieser „Zusammenführung" und das anschließende Zusammenspiel von Seele und Körper ist völlig unklar. Wir werden auf diese Frage später zurückkommen, wenn wir uns fragen, ob der Mensch tatsächlich eine eigenständige Seele hat oder ob es sich dabei um eine Illusion handelt.

Hier und jetzt ist wichtig, dass die Seelen bei bestimmten Vergehen in der immateriellen Welt zur Strafe für die begrenzte Zeit eines Menschenlebens auf die Erde verbannt werden. Das ist ein ganz entscheidender Punkt, um das ganze System Gottes zu verstehen. Hier liegt ein weiterer Schlüssel für eine sinnvolle Antwort auf viele Fragen, die bisher unbeantwortet sind, insbesondere der Theodizee.

Nebenbei sei angemerkt, dass die Seelen natürlich auch auf andere Planeten im Universum verbannt werden können, auf denen es intelligentes Leben gibt. Bisher ist allerdings nicht nachgewiesen, dass außer auf der

Erde irgendwo im Universum weiteres Leben existiert. Andererseits ist die Annahme, wir seien im Universum allein eine Vorstellung, die nur dem menschlichen Größenwahn entspringen kann. Eine solche Annahme ignoriert die unvorstellbaren Dimensionen des Universums. Wenn wir unterstellen, dass in unserer Galaxis (Milchstraße) nur auf der Erde intelligentes Leben entstanden ist, dann ist das eine extrem unwahrscheinliche Annahme. Denn in unserer Galaxis gibt es schätzungsweise rund 200 Milliarden Sonnen, eine Größe, die wir uns beim besten Willen nicht vorstellen können. Dass sich bei 200 Milliarden Sonnen nur unter dem Licht einer einzigen Sonne Leben entwickelt haben soll, ist eine so unwahrscheinliche Annahme, dass sie nicht ernsthaft und seriös vertreten werden kann. Nehmen wir dennoch diesen unwahrscheinlichen Fall an. Nun gibt es im Universum neben unserer Galaxis noch schätzungsweise **mindestens** 50 Milliarden weitere Galaxien mit wiederum jeweils rund 200 Milliarden Sonnen. Unterstellen wir jetzt auch für jede dieser anderen 50 Milliarden Galaxien, dass in jeder Galaxis, so wie in unserer eigenen, nur in jeweils einem Sonnensystem intelligentes Leben entstanden ist. Dann bedeutet das, dass selbst unter diesen extrem pessimistischen Annahmen das Universum vor Leben wimmelt. Es gäbe dann nämlich auf rund **50 Milliarden** Planeten intelligentes Leben. Realistisch gesehen werden es jedoch noch wesentlich mehr „Aliens" sein. Aber wenn es derart unvorstellbar viele bewohnte Planeten gibt, warum haben wir dann noch keinen Kontakt herstellen können? Die Antwort ergibt sich wiederum aus den unvorstellbaren Dimensionen des Universums. Wir hatten angenommen, dass in unserer Galaxis lediglich in einem von rund 200 Milliarden Sonnensystemen Leben entstanden ist. Konsequenterweise müssten wir deshalb in anderen Galaxien nach Leben suchen. Wenn dort ebenfalls pro Galaxis nur ein bewohnter Planet existiert, ist die Suche praktisch aussichtslos. Denn wir müssten diesen Planeten unter 200 Milliarden Sonnensystemen finden. Dagegen ist die Suche nach der berühmten Nadel im Heuhaufen ein Kinderspiel. Hinzu kommt, dass allein unsere Galaxis eine Ausdehnung von ca. 100.000 Lichtjahren hat. Die nächste (kleinere) Galaxis ist etwa 25.000 Lichtjahre entfernt, die nächste große etwa 2,5 Millionen Lichtjahre. Das bedeutet, wenn wir eine Nachricht mit Lichtgeschwindigkeit in eine andere Galaxis schicken, würde es im besten Falle mindestens 125.000 Jahre dauern, bis die Nachricht dort ankommt. Selbst wenn sie direkt auf einen Planeten mit intelligenten Lebewesen treffen und diese umgehend antworten würden, würde es wiederum 125.000 Jahre dauern, bis die Antwort bei uns eintrifft. Der ganze Prozess würde im Idealfall somit 250.000 Jahre dauern. Es ist daher völlig plausibel, dass wir trotz der mit Sicherheit unzähligen belebten Planeten im Universum bisher keinen Kontakt mit anderen Lebewesen hatten. Solange es keine schnellere Antriebs-/Übermittlungsart als die Lichtgeschwindigkeit gibt, wird es auch nicht möglich sein, derartige Kontakte herzustellen. Und nach Einsteins Relativitätstheorie ist die Lichtgeschwindigkeit die absolut maximale Geschwindigkeit.

Viele Wissenschaftler nehmen an, dass es neben unserem Universum weitere Paralleluniversen gibt. Wenn dem so ist, zählen auch diese Universen zum materiellen Teil von Gottes Schöpfung und stehen zur vorübergehenden „Verbannung" aus dem Jenseits/Paradies zur Verfügung.

Die Auffassung, dass die Seele bereits vor der Geburt eines Menschen existiert und für die Zeit des irdischen Lebens eines Menschen an dessen Körper gekettet wird, ist nicht neu. Wie schon oben unter „D 1.3" ausgeführt, haben neben Plato auch innerhalb der Kirche bedeutende Theologen wie Origenes oder Priscillian lange Zeit diese Meinung vertreten und diskutiert. Die Ansicht wurde aber schließlich als ketzerisch verworfen: *„Wer sagt …, die Menschenseelen hätten ein Vorleben gehabt, d. h., sie seien zuvor Geister und heilige Gewalten gewesen …, der sei ausgeschlossen. Wer sagt, die Menschenseelen hätten zuvor in der himmlischen Wohnung gesündigt und seien dafür in menschliche Körper auf die Erde hinabgeworfen worden, … der sei ausgeschlossen."*[18] Nach kirchlicher Auffassung hat die menschliche Seele somit **kein** Vorleben zu ihrem irdischen Aufenthalt. Sie wird erst im Moment der Zeugung eines Menschen durch Gott geschaffen, vgl. oben unter D 1.3. Die hier von mir vertretene Auffassung ist somit eine erhebliche und wichtige Abweichung von der traditionellen kirchlichen Lehre.

Zum besseren Verständnis der Bedeutung der Strafe „Verbannung in die materielle Welt" ziehen wir einen Vergleich zu unserer menschlichen Erfahrungswelt. Dabei greifen wir auf die Analogie zurück, die wir bei der Besprechung von Gottes Eigenschaft „ewig" gezogen hatten. Um den Begriff „ewig" besser in den Griff zu bekommen, hatten wir hilfsweise „ewig" mit der Dauer eines Menschenlebens von 80 Jahren gleichgesetzt.

Stellen Sie sich jetzt eine dreiköpfige Familie vor, Eltern und Kind, die in einem Einfamilienhaus lebt. Das Kind hat von den Eltern vorgegebene Spielregeln zu beachten. Eines Tages missachtet das Kind eine der Spielregeln. Als Erziehungsmaßnahme verordnen die Eltern dem Kind einen Tag Stubenarrest. Das Kind wird für einen Tag von der Verbindung zu den Eltern abgeschnitten. Es erfährt nicht, was an diesem Tag im Haus los ist. Selbst die Mahlzeiten werden dem Kind von der Mutter wortlos auf das Zimmer gebracht. Am Abend entfällt sogar die sonst übliche Gutenachtgeschichte.

Betrachten wir die Geschichte aus den Perspektiven des Kindes und der Eltern:

Das Kind fühlt sich ungerecht behandelt. So schlimm war doch der Regelverstoß gar nicht. Jedenfalls rechtfertigt er nicht einen ganzen Tag Stubenarrest. Das Kind leidet auch. Es fragt sich, ob seine Eltern es noch lieben. Wie kann mir jemand, der mich angeblich liebt, so eine Strafe auferlegen? Das Kind kommt sich einsam und verlassen vor. Was passiert außerhalb seines Zimmers? Der Kontakt zur Außenwelt und besonders zu den Eltern ist abgeschnitten.

Die Eltern lieben ihr Kind natürlich nach wie vor. Gerade deshalb haben sie ihm diese Strafe ja verordnet. Sie wissen: Wenn unser Kind Spielregeln nicht einhält, wird es später in der Gesellschaft böse auf die Nase fallen. Die Strafe erscheint den Eltern auch angemessen. Im Vergleich zur gesamten Lebenszeit des Kindes von rund 80 Jahren, ist ein Stubenarrest von einem Tag gerade mal ein Wimpernschlag. Diese kurze „Leidenszeit" ist dem Kind unter Abwägung aller Argumente zumutbar.

Ähnlich wie in diesem Beispiel können wir uns die Beziehung zwischen Gott und den Seelen vorstellen. Gott steht an der Stelle der Eltern und die Seelen an der Stelle des Kindes. Die Seelen leben zusammen mit Gott in der immateriellen Welt, im Paradies, nach einem von Gott vorgegebenen Regelwerk. Wenn eine Seele bestimmte Regeln missachtet, bestraft Gott sie mit „Stubenarrest". „Stubenarrest" bedeutet hier, dass die betreffende Seele aus der immateriellen Welt für die Zeit eines Menschenlebens in die materielle Welt versetzt wird. Dort ist sie an einen Körper gekettet und allen Widrigkeiten, allem Leid dieser materiellen Welt ausgesetzt.

Aus der Sicht von uns Menschen (der Seele) erscheint das Leid, das wir während dieses „Stubenarrests", während unseres Lebens, erdulden müssen, als ungerecht, als schwer erträglich. In extremen Fällen als unerträglich. Menschen erleiden durch Krankheiten und Unfälle unfassbare Schmerzen. Wo bist Du dann, Gott? Warum verhinderst Du das nicht? Wir sehen Gott nicht. Offensichtlich gibt es ihn gar nicht, und wenn es ihn gibt, lässt er uns in unserem Leid unbarmherzig schmoren. Wie kann ein solcher Gott ein uns liebender Gott sein?

Aus Gottes Sicht ist der „Stubenarrest" eine Erziehungsmaßnahme. Er liebt seine Schöpfung, aber manchmal müssen die Seelen zur Einhaltung des Regelwerks erzogen werden. Weil Gott uns liebt, ist der Stubenarrest nur kurz. Im Vergleich zur Ewigkeit dauert er noch nicht einmal einen Wimpernschlag. In der Ewigkeit gibt es gar keine Zeit. Deshalb sind die 80 Jahre auf der Erde praktisch „nichts". Aber Gott berücksichtigt, dass uns diese 80 Jahre hier wie eine Ewigkeit vorkommen. Deshalb hat er, aus Liebe zu uns, verschiedene Sicherungen eingebaut: Wenn Schmerzen zu stark werden, werden wir ohnmächtig, verlieren wir unser Bewusstsein. Und vor allem: Es gibt – Gott sei Dank – den Tod, der letztendlich alle Qualen und unseren Stubenarrest beendet. Mit dem Tod wird die Verbindung unserer Seele mit dem materiellen Körper wieder gelöst und der Mensch kehrt ins Jenseits in die Gemeinschaft mit Gott zurück.

D 2.2 Warum erinnern wir uns nicht an unser Vorleben?

Wenn unsere Seele ein „Vorleben" hat, wieso können wir uns dann während unseres „Stubenarrests" auf der Erde nicht daran erinnern? Warum wissen wir insbesondere nicht, welches „Vergehen" wir im Jenseits begangen haben, weshalb wir also überhaupt hier sind?

Vergegenwärtigen wir uns noch einmal den Sinn unseres Erdenlebens: Wir sitzen hier eine Strafe ab, sind für ca. 80 Jahre von Gott getrennt. Gott möchte uns während unseres „Stubenarrests" vor Augen führen, wie es ist, von ihm getrennt zu sein. Wir erinnern uns: Nach der Bibel ist eine Eigenschaft Gottes, dass er für uns ein „verborgener" Gott ist. Jetzt können wir diese Eigenschaft verstehen. Jetzt wird deutlich, warum Gott während unserer irdischen Zeit nicht mit uns kommuniziert, nicht sichtbar für uns ist. Ja, wir haben sogar Zweifel, ob es ihn überhaupt gibt. Es ist Teil unserer Strafe, dass er sich während dieser Zeit vor uns verbirgt. Dieses Gefühl der Gottverlassenheit musste sogar Jesus, Gottes Sohn, erleiden. In seiner Todesstunde schrie er am Kreuz: „*Mein Gott, mein Gott, warum hast du mich verlassen*" (Mt. 27,46)? Diese Verlassenheit könnten wir nicht erfahren, wenn wir weiterhin unser Wissen um die Gegebenheiten im Jenseits hätten. Wenn wir weiterhin sicher wüssten, dass es Gott gibt und er nach wie vor mit uns kommunizieren würde. Deshalb ist mit der Vertreibung aus dem Jenseits, dem Paradies, eine vorübergehende Zugangsbeschränkung zu dem bisher erworbenen Wissen der Seele verbunden. Wir können die Situation mit unseren Computern vergleichen. Normalerweise haben wir Zugang zu allen Webseiten weltweit, zum gesamten Wissen der Menschheit. Der Zugang zu bestimmten oder allen Seiten kann jedoch jederzeit gesperrt werden. Ähnlich könnte Gott vorübergehend das bei den Seelen gespeicherte Wissen völlig blockieren. Die Seele weiß nichts mehr. Gleichzeitig wird für die Seele im Moment der Verkettung mit einem menschlichen Körper, wahrscheinlich bei unserer Zeugung oder bei unserer Geburt, ein neuer Ordner eröffnet. Nennen wir ihn „Erdenleben". Der Ordner ist, ebenso wie das dazugehörige materielle Gehirn, an das die Seele gekettet ist, noch leer und unsere Seele füllt ihn im Laufe unseres Lebens mit dem hier auf Erden erworbenen Wissen und den gewonnenen Erfahrungen. Parallel dazu werden diese Daten auch im materiellen Gehirn gespeichert. Nach unserem Tod hebt Gott für die Seele die Zugangsbeschränkungen zu ihrem bisherigen Wissen wieder auf und unsere Seele ist um das im Ordner „Erdenleben" gespeicherte Wissen und die hier gemachten Erfahrungen reicher. Wir nehmen deshalb alle hier auf Erden gemachten Erfahrungen, alle Erinnerungen, alles, was unsere psychische Persönlichkeit ausmacht, mit ins Jenseits. Alles wird außer in unserem Gehirn auch noch zusätzlich im Ordner „Erdenleben" gespeichert. Deshalb vergeht zwar mit unserem Tod der materielle Speicher „Gehirn", nicht jedoch der zweite immaterielle Sicherungsspeicher „Erdenleben". Das hat z. B. die Konsequenz, dass die Persönlichkeit von Menschen, die an Alzheimer oder Demenz leiden, nicht wirklich im Dunkel versinkt. Es wird durch die Krankheit lediglich der Speicher „Gehirn" zerstört, nicht jedoch der Sicherungsspeicher „Erdenleben". Nach seinem Tod hat ein solcher Mensch (seine Seele) deshalb das volle Wissen über und die gesamte Erinnerung an jeden Moment seines Erdenlebens.

Abbildung 2 zeigt die Zusammenhänge grafisch auf.

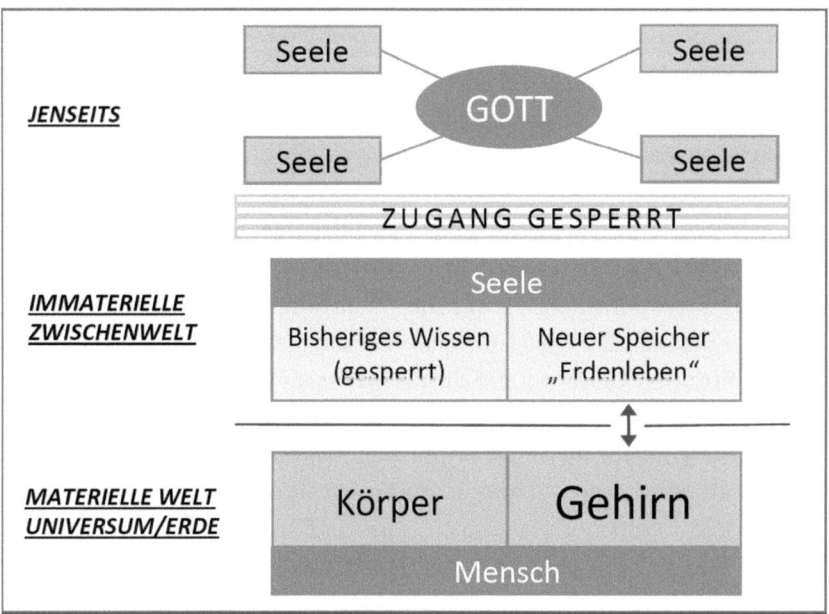

Abbildung 2

D 3 Wie konnte sich aus unbelebter Materie Leben entwickeln?

Für die Kirche ist die Antwort klar. Sie beruft sich auf den biblischen Schöpfungsbericht. Danach hat Gott zunächst die unbelebte Materie geschaffen und dann die belebte Materie, also Pflanzen, Tiere und schließlich den Menschen. Den Menschen schuf er durch einen besonderen Schöpfungsakt.[19] Die belebte Materie, Leben, wurde somit durch einen besonderen Eingriff Gottes geschaffen. Diese Intervention Gottes geschah **nach** dem Urknall. Die Antwort kollidiert jedoch mit den Erkenntnissen der Naturwissenschaften. Mit der Evolutionstheorie kann die Entstehung des Lebens auch ohne einen göttlichen Eingriff plausibel erklärt werden. Entsprechend schwer tut sich die Kirche und korrigiert ihre Position nur zögerlich. Inzwischen wird die Evolutionstheorie, was die Entstehung des Lebens im Allgemeinen angeht, von der Kirche zumindest toleriert. Zur Erschaffung des Menschen wird jedoch streng zwischen der Erschaffung des lebendigen Leibes einerseits und der Seele andererseits unterschieden. Der Leib könne möglicherweise durch die Mechanismen der Evolutionstheorie entstanden sein, die Seele jedoch keinesfalls.[20] Dieser Interpretation der Evolutionstheorie stimme ich zu. Denn wie wir noch sehen werden (im Abschnitt D 4.), kann die Evolutionstheorie zwar die Entstehung des materiellen Lebens, inklusive des menschlichen Körpers, erklären, nicht jedoch das Auftauchen des Phänomens „Geist" oder „Selbstbewusstsein" oder„Seele".

Meine Antwort auf die Frage ergibt sich zwangsläufig aus meinen Antworten zu den Fragen 1. und 2. Wenn ich davon ausgehe, dass es vor dem Urknall Gott und die von ihm geschaffenen Seelen gab und Gott danach oder zeitlich parallel durch den Urknall den materiellen Teil der Schöpfung, das Universum, geschaffen hat, ist es klar, dass Gott auch den Übergang von unbelebter zu belebter Materie, eben „Leben", geschaffen hat. Dabei ist es völlig unerheblich, ob Gott diesen Übergang schon von Anfang an im Urknall „angelegt" hat und Leben deshalb zwangsläufig entstehen musste oder ob er es durch einen zusätzlichen „Eingriff" bewirkt hat, nachdem sich auf der Erde schon die „Ursuppe" gebildet hatte. In jedem Fall ist es Gottes Werk. Nach meiner Überzeugung hat Gott die Entwicklung belebter Materie bereits im Urknall angelegt, somit nicht durch einen späteren, zusätzlichen Eingriff bewirkt. Auch der lebendige, materielle Teil des Menschen, sein Körper, inklusive seines Gehirns, ist durch die Evolution entstanden, die bereits im Urknall angelegt war. Zwar ist meine Auffassung im Einklang mit den aktuellen Erkenntnissen der Naturwissenschaften. Dennoch wollen wir uns noch einmal fragen, ob das tatsächlich richtig ist. Anders gefragt: Wenn das Universum z. B. aus dem Nichts entstanden ist, also nicht durch einen Schöpfungsakt Gottes, kann die Entstehung belebter Materie im Universum auch dann (ohne Gott) wirklich erklärt werden?

Betrachten wir die Ausgangssituation: Vor ca. 14 Milliarden Jahren kam es zum Urknall, der, so unterstellen wir für unsere Überlegungen, ohne ein göttliches Wirken, z. B. aus dem Nichts heraus, geschah. Es dauerte ca. 8 Milliarden Jahre, bis sich die Erde als fester Planet entwickelt hatte, und weitere 2 Milliarden Jahre, bis sich Meere und die Uratmosphäre gebildet hatten. Auf dieser Urerde wimmelte es von elementaren Ausgangsstoffen wie Methan, Ammoniak, Wasser, Kohlendioxid, Stickstoff oder Wasserstoff. Die Bausteine des Lebens sind jedoch 20 Aminosäuren, die nur entstehen, wenn sich die genannten Ausgangsstoffe in bestimmter Weise verbinden. Einem amerikanischen Chemiestudenten, Stanley Miller, gelang es 1953 durch eine simple Versuchsanordnung nachzuweisen, dass sich unter den Bedingungen der Urerde die Ausgangsstoffe häufig zu solchen Aminosäuren verbinden. Millers Versuch wurde danach unzählige Male von anderen Wissenschaftlern mit anderen Ausgangsstoffen wiederholt, immer mit dem gleichen Ergebnis. Es kam immer zur Bildung von Aminosäuren. Es ist deshalb vernünftig anzunehmen, dass die Meere der noch unbelebten Urerde mit diversen komplizierten chemischen Verbindungen angefüllt waren. Neben vielen anderen auch die Verbindungen, die die Bausteine des Lebens sind, die Aminosäuren. Die herrschende naturwissenschaftliche Theorie ist, dass dann eine chemische Evolution stattfand. So wie später unter den Lebewesen die von Darwin entdeckte biologische Evolution zur Herausbildung verschiedener Lebewesen führte, kam es zwischen den chemischen Verbindungen zu einem Ausleseprozess. Die Verbindungen, die besser zu den herrschenden Umweltbedingungen „passten", kamen immer häufiger vor als die anderen, weniger „passenden". Die „Bausteine des Lebens", die Aminosäuren, waren unter den „Siegern" dieses Prozesses, d. h., ihr Anteil an allen vorhandenen chemischen Verbindungen nahm zu. Nun sind diese Aminosäuren selbst aber noch keine lebenden Organismen, sondern eben nur die Bausteine, die sich in den Genen, dem Bauplan aller Lebewesen auf der Erde, ob Pflanze, Tier oder Mensch, wiederfinden. Um zu lebenden Zellen zu kommen, müssen sich, stark vereinfacht gesagt, die 20 Aminosäuren durch einen irgendwie gearteten Prozess zu einer Kette aus z. B.

über 100 Gliedern in einer exakten Reihenfolge zusammenfügen, um so genannte Enzyme zu bilden. Die Frage ist nun, ob es wahrscheinlich ist, dass dieser Prozess „natürlich" zustande gekommen ist, oder ob es eines Eingriffs einer übergeordneten Instanz wie Gott bedurfte.

Was die Wahrscheinlichkeit für einen natürlichen Prozess betrifft, liefert Hoimar von Ditfurth, Professor für Psychiatrie und Neurologie, die exakte Zahl: „*... die Wahrscheinlichkeit, dass sich 20 verschiedene Aminosäuren durch bloßen Zufall zu einer Kette aus 104 Gliedern in exakt der Reihenfolge zusammenfügen, wie sie z. B. beim Cytochrom c vorliegt ..., beträgt 1 zu 20^{104}. In die Sprache des Alltags übersetzt heißt das: Es ist unmöglich.*"[21] Bei Cytochrom c handelt es sich nur um eines der vielen für das Leben erforderlichen Enzyme. Auch für die Entstehung jedes weiteren Enzyms gilt die angeführte Wahrscheinlichkeit. Deshalb erscheint die Schlussfolgerung bei diesem Sachverhalt eindeutig: Das Leben hier auf der Erde kann nicht auf „natürlichem" Wege entstanden sein. Die Wahrscheinlichkeit dafür ist praktisch null. Offensichtlich muss eine übergeordnete Instanz – Gott – eingegriffen haben.

Bei näherem Hinsehen erkennen wir jedoch, dass die Fragestellung falsch gewählt ist. Wir fragen, wie wahrscheinlich es ist, dass auf der Erde noch einmal Leben **in der jetzt vorliegenden Form** entstehen würde, wenn wir die Zeit um 4 Milliarden Jahre zurückdrehen würden und der ganze Prozess noch einmal ablaufen würde. Die Wahrscheinlichkeit dafür ist in der Tat 1 zu 20^{104}, somit praktisch gleich null. Diese Fragestellung unterstellt jedoch stillschweigend, dass Leben nur in der uns bekannten Form entstehen kann. Bei der unvorstellbar großen Zahl von chemischen Kombinationsmöglichkeiten, die der Natur über einen wiederum unvorstellbar langen Zeitraum zur Verfügung standen, ist diese Annahme jedoch mit Sicherheit falsch. Leben hätte sich auch in einer völlig anderen, uns unvorstellbaren Form, entwickeln können. Darüber hinaus impliziert die Fragestellung, dass das Leben mit einem Schlag, sozusagen über Nacht, in seiner hoch entwickelten Form entstanden sei. In Wirklichkeit hat sich jedoch ein evolutionärer Prozess abgespielt. Am Anfang haben sich mit an Sicherheit grenzender Wahrscheinlichkeit die verschiedensten Ansätze von belebten Zellen gebildet. Die verschiedenen „Modelle" unterlagen dem über Jahrmillionen dauernden evolutionären Auswahlprozess, aus dem die „Urzelle", aus der sich alles Leben auf der Erde entwickelte, als „Sieger" hervorging.

Den „Denkfehler" bei der ursprünglichen Fragestellung können wir uns am Beispiel des Lottos hilfsweise veranschaulichen. Wenn aus einer Trommel mit 49 Kugeln, die von 1 bis 49 durchnummeriert sind, 6 Kugeln zufällig gezogen werden, können sich 13.983.816 unterschiedliche Zah lenreihen ergeben. Die Wahrscheinlichkeit, dass eine bestimmte Zahlen- reihe, z. B. 1, 2, 3, 4, 5, 6 …, herauskommt, ist 1 : 13.983.816. Verglichen mit der oben beschriebenen Wahrscheinlichkeit 1 : 20^{104} ist das eine sehr hohe Wahrscheinlichkeit. Dennoch erscheint es uns beim Ausfüllen eines Lottoscheins äußerst unwahrscheinlich, dass wir mit unserer Zahlenreihe den Hauptgewinn erzielen. Wenn nun bei einer Ziehung z. B. die Reihe 1, 2, 3, 4, 5, 6 herauskommt (das Leben in der uns bekannten Form) und wir fragen, wie wahrscheinlich es ist, dass sich bei der nächsten Ziehung die gleiche Reihe ergibt, so werden wir sagen: praktisch gleich null. Die Natur stand aber nicht vor der Aufgabe, noch einmal die Reihe 1, 2, 3, 4, 5, 6 zu produzieren. Sie hatte vielmehr am Anfang 13.983.816 Möglichkeiten (Leben in anderer Form) zur Auswahl und hat in einem unvorstellbar lan- gen Zeitraum aus diesem Angebot das der Umwelt am besten angepasste Angebot, die Reihe 1, 2, 3, 4, 5, 6, ausgewählt.

Wir können somit sagen, dass der Übergang von unbelebter zu belebter Materie, der Beginn des Lebens auf der Erde vor ca. 4 Milliarden Jahren, wissenschaftlich erklärt werden kann und somit „natürlich" erfolgt ist. Ein übernatürlicher, direkter Eingriff durch Gott war zu diesem Zeit- punkt nicht erforderlich. Leben hätte sich auch in einem aus dem Nichts entstandenen Universum ohne Gott entwickelt. Atheisten haben deshalb mit diesem Punkt (zu Recht) keinerlei Probleme.

Wie die Entwicklung vom Urknall an bis zur Entstehung von Leben ohne göttliches Eingreifen abgelaufen ist, stellt z. B. von Ditfurth in seinem Buch „Am Anfang war der Wasserstoff" spannend und anschaulich dar.

D 4   Wo kommt das Phänomen „Geist" her?

Wie kommt der „Geist" in unsere materielle Welt? Die im vorigen Abschnitt beschriebene Entstehung des „Lebens" deckt nur die Entwicklung belebter Organismen, z. B. Einzeller oder auch des menschlichen Körpers, ab. Nicht erklärt ist damit die Entstehung und Herkunft des Phänomens „Geist". Darwins Evolutionstheorie, die die Entstehung und Entwicklung der Arten überzeugend erläutert, liefert hier keine Antwort. Denn die zwei entscheidenden Motoren der Evolution sind Mutation und Auslese. Ständig bringt jede Art Mutationen, Abweichungen von der biologischen Struktur, hervor. Die meisten sind überlebensunfähig. Gelegentlich jedoch ist eine Mutation besser an die Umwelt angepasst als die bestehende Art. Dann entwickelt sich langsam eine neue Art. Diese Veränderungen sind jedoch ausschließlich biologischer, materieller Natur. Eine Mutation ist eine **biologische** Abweichung von der bestehenden Art. „Geist" ist jedoch keine materielle, biologische Eigenschaft. Er ist ein völlig neues Phänomen, das nicht durch Mutation hervorgerufen werden kann. Die Evolutionstheorie erklärt deshalb nachvollziehbar die biologische Entwicklung des Lebens auf der Erde, aber nicht das Phänomen „Geist". Wie also kam dann der „Geist" in unsere Welt?

Eine der oben besprochenen Eigenschaften Gottes ist: **Er ist der Geist.** Er ist der allumfassende Geist, der in jedem Zipfel der Welt enthalten ist, der die gesamte Schöpfung durchzieht. Demzufolge ist „Geist" kein Phänomen, das irgendwie durch die Evolution oder einen anderen Mechanismus „entstanden" ist oder sich entwickelt hat. Er war vielmehr schon immer da. In unserer materiellen Welt hat es eines „Instruments", einer „Antenne" bedurft, über die mit dem Geist Kontakt aufgenommen werden kann. Diese Antenne ist unser Gehirn. Sobald durch die evolutionäre biologische Entwicklung ausreichend komplexe Gehirne zur Verfügung standen, kamen wir in Kontakt mit dem Geist. Von Ditfurth hat richtig erkannt, dass alles, was die biologische Evolution hervorbringt, also auch unsere Gehirne, eine Antwort auf die Umweltbedingungen ist. *„So, wie Beine ein Beweis sind für das Vorhandensein festen Bodens und Flügel ein Beweis für die Existenz von Luft. Deshalb dürfen wir auch vermuten, dass unser Gehirn ein Beweis ist für die reale Existenz einer von der materiellen Ebene unabhängigen Dimension des Geistes."*[22] Und weiter: *„Es ist doch eine wahrhaft aberwitzige Vorstellung, wenn wir immer so tun, als sei das Phänomen des Geistes erst mit uns selbst in dieser Welt erschienen. Als habe das Universum ohne Geist auskommen müssen, bevor es uns gab. Genau die umgekehrte Perspektive dürfte dem wahren Sachverhalt sehr viel näherkommen: Geist gibt es in der Welt nicht deshalb, weil wir ein Gehirn haben. Die Evolution hat vielmehr unser Gehirn und unser Bewusstsein allein deshalb hervorbringen können, weil ihr die reale Existenz dessen, was wir mit dem Wort Geist meinen, die Möglichkeit gegeben hat, in unserem Kopf ein Organ entstehen zu lassen, das über die Fähigkeit verfügt, die materielle mit dieser geistigen Dimension zu verknüpfen."*[22] Dem schließe ich mich vollumfänglich an.

Um einem möglichen Missverständnis vorzubeugen, sei angemerkt, dass weder ich noch von Ditfurth die Auffassung vertreten, die Evolution habe **zielgerichtet** auf die Entwicklung von Gehirnen hingearbeitet. Der Motor der Evolution ist vielmehr die Auswahl zwischen sich zufällig ergebenden Optionen. Dabei obsiegt regelmäßig die Option, die am besten zu den vorhandenen Umweltbedingungen passt. Offensichtlich hat die Entwicklung von Gehirnen sehr gut zu der Umweltbedingung „Geist" gepasst. Also gerade keine zielgerichtete Entwicklung von Gehirnen, sondern die zufällig passende Antwort auf die Umweltbedingungen.

Der Geist kam also nicht als Folge einer Entwicklung, etwa der Evolution, in unsere Welt, sondern er war schon von Anfang an vorhanden. Wie wir gleich im nächsten Kapitel sehen werden, ist diese These zwar wissenschaftlich umstritten, wird aber dennoch von vielen Wissenschaftlern seriös vertreten. Wir können somit die Frage, wie der Geist in unsere Welt kam, in völliger Übereinstimmung mit den Aussagen der Bibel und auch Thesen der modernen Naturwissenschaften schlüssig erklären.

Dagegen hätten Verfechter der Theorie, das Universum sei aus dem Nichts entstanden oder das Universum sei das Glied einer unendlichen Ursachenkette, an dieser Stelle einen Erklärungsnotstand. Den könnten sie nur durch die Behauptung überwinden, „Geist" sei eine Illusion, sei das Produkt, eine Vorspiegelung unseres Gehirns. Ob dies so ist, wollen wir jetzt näher beleuchten.

D 5   Hat der Mensch eine Seele?

Wir sind bei einer **der** Kernfragen der Menschheit, des Christentums und auch dieses Buches angekommen: Ist die Vorstellung einer eigenständigen, immateriellen Seele realistisch oder handelt es sich um ein Phantasieprodukt?

Obwohl sich mit diesem Thema Philosophen, Theologen und Naturwissenschaftler, besonders Hirnforscher, von alters her beschäftigen, ist die Antwort immer noch offen. Wenn Küng, unter Berufung auf Pannenberg und die moderne Anthropologie, behauptet, es sei geklärt, dass es keine dem Leibe gegenüber selbständige Seele des Menschen gibt,[23] dann entspricht das einfach nicht den Tatsachen. Richtig ist vielmehr, dass die Frage immer noch ungeklärt ist. Gleichzeitig ist die Antwort von entscheidender Bedeutung für die Auslegung der Bibel. Wenn es keine eigenständige Seele gibt, ist weder die von der Kirche noch die von mir hier vertretene Auffassung haltbar. Ich habe in den vorhergehenden Abschnitten behauptet, dass Gott separat Seelen geschaffen hat, die neben unseren materiellen Körpern existieren. Ist die Seele dagegen lediglich das Phantasieprodukt unseres Gehirns, ist meine Auffassung widerlegt und damit hinfällig. Unser „Ich" würde sich erst von unserer Geburt an entwickeln, ein Produkt unseres Gehirns sein und mit unserem Tod ebenso wie unser Körper verschwinden. Wie steht es also in dieser entscheidenden Frage?

Im Wesentlichen stehen sich zwei Ansichten gegenüber:

Die Materialisten vertreten die Auffassung, der Mensch bestehe nur aus seinem materiellen Körper. Das Phänomen „Geist" oder „die Seele" erkläre sich ausschließlich aus den Aktivitäten des menschlichen Gehirns, werde von diesem „produziert". Das Gehirn gaukle dem Menschen seine Seele, sein Ich, nur vor. Alles lasse sich durch die chemischen und elektrischen Abläufe im Gehirn erklären. Stirbt der Mensch, so bleibt nichts von ihm übrig. Auch sein eingebildeter geistiger Teil verschwindet.

Die Dualisten vertreten dagegen die Auffassung, neben dem materiellen Körper existiere noch eine vom Körper unabhängige „Seele", das „Ich" des Menschen. Durch die Gesamtheit beider „Teile" definiere sich der Mensch als Ganzes, wobei die Seele der klar dominierende Teil sei.

Die Kirche steht auf der Seite der Dualisten. Eines ihrer Dogmen lautet: *„Der Mensch besteht aus zwei Wesensbestandteilen, einem materiellen Leib und einer geistigen Seele."*[24] Das wird auch in ihrem Katechismus dokumentiert, in dem die Antworten z. B. auf die Fragen 69, 70, 203 oder 205 zeigen, dass die Kirche von diesem Sachverhalt überzeugt ist.[25] Sie kann sich dabei auf die Bibel berufen, die an diversen Stellen von der Existenz der Seele neben dem materiellen Leib spricht, z. B. in Mt. 10,28/Mt. 16,26/ Apg. 2,27/1. Thess. 5,23.

Auch Plato vertrat schon die dualistische Position. Solange die Seele mit dem Körper verbunden sei, nehme sie eine vermittelnde Stellung zwischen der Ideenwelt und der Sinnenwelt ein. Im Zusammenspiel mit den körperlichen Faktoren und sich selbst erzeuge sie die gesamte Palette unserer Wahrnehmungen, Erkenntnisse, Meinungen, Affekte und Gefühlsregungen. Ebenso bewirke sie physische Effekte wie z. B. Wachstum. Bedeutsam sei ihre Verbindung mit einem Körper nur für die Dauer eines Lebens, in dessen Verlauf sie ihre Fähigkeiten wie Erkenntnis- und Denkvermögen zur Geltung bringe. Hier mache sie auch Erfahrungen von Lust und Schmerz. Alle geistigen Funktionen eines Individuums seien die ihrigen, weshalb **sie** die Person sei, also mit ihr identisch ist. Beim Tod des Menschen löst sich die Seele von dem Körper und existiert weiter.

Zeitgenössische, „moderne" Theologen wie Althaus, Pannenberg, Küng oder Mancuso weichen von der offiziellen kirchlichen Lehre ab und vertreten die Einheit von Körper und Seele. Küng bringt es auf den Punkt: *„Denn: der Mensch stirbt als ganzer, mit Leib und Seele, als psychosomatische Einheit ..."*[26]

Was sind die Erkenntnisse der modernen Naturwissenschaften zu dem Thema, insbesondere die der Hirnforschung?

Bei den Wissenschaftlern finden sich Anhänger beider Lager. Im Jahre 2004 verfassten elf führende deutsche Hirnforscher/-innen, alle im Rang eines Professors, ein „Manifest zur Lage der Hirnforschung". Darin brachten sie ihre materialistische Überzeugung zum Ausdruck: *„Geist und Bewusstsein – wie einzigartig sie auch von uns empfunden werden – fügen sich also in das Naturgeschehen ein und übersteigen es nicht. Und: Geist und Bewusstsein sind nicht vom Himmel gefallen, sondern haben sich in der Evolution der Nervensysteme allmählich herausgebildet. Das ist vielleicht die wichtigste Erkenntnis der modernen Neurowissenschaften."*[27] Mit anderen Worten: Alles, was wir als geistige Phänomene in uns erleben, unsere Gedanken, Gefühle, Ängste usw., sind das Produkt neuronaler Abläufe in unserem Gehirn sind das Ergebnis von chemischen und elektrischen Impulsen. Das Gehirn gaukelt uns etwas vor. Von einem vom Gehirn unabhängigen Geist oder einer Seele keine Spur. Nach dieser

These kam der Geist somit **nicht**, wie oben bei der 4. Frage behauptet, deshalb in die Welt, weil er schon immer da war und von den durch die Evolution entwickelten Gehirnen erst jetzt „empfangen" werden kann. Vielmehr haben umgekehrt erst die Gehirne den bisher nicht vorhandenen Geist hervorgebracht.

Die elf Hirnforscher des Manifestes stehen mit ihrer Meinung nicht allein. Auch international gibt es gewichtige Vertreter der materialistischen Position, z. B. den britischen Physiker, Molekularbiologen und Nobelpreisträger Francis Crick (1916–2004), der es so ausdrückt: *„Sie", Ihre Freuden und Leiden, Ihre Erinnerungen, Ihre Ziele, Ihr Sinn für Ihre eigene Identität und Willensfreiheit – bei alledem handelt es sich in Wirklichkeit nur um das Verhalten einer riesigen Ansammlung von Nervenzellen und dazugehörigen Molekülen … „Sie" sind nichts weiter als ein Haufen Neurone."*[28] Wahrscheinlich ist heute weltweit eine deutliche Mehrheit der Hirnforscher der materialistischen Seite zuzurechnen.

Den Beweis, dass unser Bewusstsein lediglich das Produkt unseres Gehirns ist, hat allerdings noch kein Materialist erbracht.

Bei den Wissenschaftlern, die die dualistische Auffassung vertreten, stechen der Neurophysiologe und Nobelpreisträger Sir John Eccles und der Philosoph Karl Popper mit ihrer „Wechselwirkungstheorie" hervor.[29] Danach gibt es drei Welten. Welt 1 umfasst die gesamte materielle Welt, d. h. das Universum und alles, was darinnen ist, inklusive des Menschen und seines Gehirns. Welt 2 ist die Welt der Psyche und umfasst alle mentalen Phänomene, insbesondere das Bewusstsein. Welt 3 ist die Welt des Wissens im objektiven Sinn. Dazu gehören alle Erzeugnisse des menschlichen Geistes, wie Musik, Literatur oder Theorien, aber auch alle vom menschlichen Geist unabhängige immaterielle Entitäten wie Zahlen oder bisher nicht entdeckte immaterielle Phänomene. Das wesentliche Merkmal der Wechselwirkungstheorie ist, dass Gehirn und Geist zwei voneinander unabhängige eigenständige Entitäten sind. Das Gehirn befindet sich in

Welt 1 und der Geist in Welt 2. Zwischen beiden findet, über die Grenze zwischen den zwei Welten hinweg, ein Austausch in beiden Richtungen statt, wobei der Geist der dominierende Teil ist. Der Geist „verursacht" über seine Einflussnahme auf das Gehirn sowohl alle mechanisch materiellen Vorgänge als auch alle psychischen Phänomene. Die Wechselwirkungstheorie kollidiert allerdings mit einem feststehenden Lehrsatz der Physik: Nach dem methodologischen Physikalismus ist die Welt der Materie und Energie, die materielle Welt, kausal völlig in sich geschlossen. Das bedeutet, dass jedes physikalische (materielle) Phänomen immer nur durch ein anderes physikalisches (materielles) Phänomen verursacht werden kann. Wenn das stimmt, dann kann der Geist, ein immaterielles Phänomen, keinen Einfluss auf das materielle Gehirn haben. Ganz im Gegenteil: Dann ist es zwingend, dass die Materialisten recht behalten. Eccles behauptet dagegen, die materielle Welt sei **nicht** völlig geschlossen. Es gebe „Lücken", durch die hindurch der Geist auf die materielle Welt einwirken könne. Er begründet das mit der Quantenmechanik. Wegen Einzelheiten verweise ich auf sein Buch „Wie das Selbst sein Gehirn steuert".[30] Bis jetzt ist die Hypothese, dass der Bereich des Physikalischen kausal völlig geschlossen ist, durch keinerlei empirische Beobachtungen oder Messungen widerlegt, aber auch nicht bewiesen. Könnte z. B. über die Quantenmechanik nachgewiesen werden, dass Gehirne über das immaterielle Phänomen Geist beeinflusst werden, käme das einer physikalischen Revolution gleich und die dualistische Auffassung wäre bewiesen.

Als Zwischenergebnis ist festzuhalten: Weder die materialistische noch die dualistische Position ist bewiesen. Es fragt sich deshalb, für welche die überzeugenderen Argumente sprechen.

Gegen die materialistische Position gibt es schwerwiegende Einwände:

- Bisher wurde von den Hirnforschern lediglich festgestellt, dass bei bestimmten geistigen, mentalen Zuständen, wie z. B. Freude, Ärger, Schmerz, in bestimmten Gehirnregionen bestimmte neuronale

Prozesse ablaufen. Es ist auch gelungen, sowohl mechanische Reaktionen des Körpers, z. B. das Heben eines Armes, als auch bestimmte mentale Zustände, wie Angst, durch Reizung bestimmter Stellen im Gehirn auszulösen. Auf den ersten Blick scheint das die Materialisten zu bestätigen, denn offensichtlich produziert doch „das Gehirn" die Angstzustände, indem bestimmte neuronale, chemische und elektrische Prozesse ablaufen. Bei genauerem Hinsehen wird jedoch deutlich, dass ganz im Gegenteil die Dualisten bestätigt werden. Denn um die neuronalen, chemischen und elektrischen Impulse, die die Angstzustände hervorrufen, im Gehirn in Gang zu setzen, bedarf es offenbar eines „Auslösers". Im Laborversuch ist der Mensch dieser Auslöser, indem er eine bestimmte Hirnregion z. B. mit einem elektrischen Impuls reizt. Aber wer oder was bewirkt im Normalfall, im täglichen Leben, dass Sie Ihren Arm heben oder, noch viel prägnanter, dass Sie beginnen, über Einsteins Relativitätstheorie nachzudenken, oder in einer Diskussionsrunde eigene Gedanken und Argumente formulieren? Auch ist es ein großer Unterschied, ob man durch einen elektrischen Impuls ein Gefühl wie Angst auslösen kann oder bestimmte Gedanken in Gang setzt. Zu Letzterem ist die Hirnforschung nicht in der Lage. Wenn Sie einen Freund nach langer Zeit wiedersehen und das bei Ihnen ein Gefühl der Freude auslöst, laufen in Ihrem Gehirn nachgewiesenermaßen bestimmte physikalische Prozesse ab. Die Frage ist: Wird Ihre Freude durch die neuronalen Prozesse ausgelöst oder die neuronalen Prozesse durch Ihre Freude. Falls man annimmt, dass die Prozesse Ihre Freude auslösen, dann stellt sich automatisch die Frage: Woher wissen die – seelenlosen – Neuronen, dass sie jetzt in diesem Augenblick den physikalischen Prozess in Gang setzen müssen, der bei Ihnen Freude auslöst? Oder dass Sie anfangen, über die Relativitätstheorie nachzudenken? Logischer erscheint der umgekehrte Weg: „Etwas" löst den neuronalen Prozess im Gehirn aus. „Etwas" versorgt mich mit Ideen usw. Das „Etwas" könnte der Geist sein, der die neuronalen Prozesse in Gang setzt. Der Schwachpunkt der gesamten Hirnforschung ist deshalb, dass das Gehirn lediglich „beobachtet" wird. Egal, ob die Forscher die Gedächtnisleistung, die Emotionen oder Sonstiges „testen", sie können lediglich beobachten, welche Hirnregionen stärker oder weniger stark in welcher Weise aktiv sind. Entscheidend ist jedoch, wer oder was die einzelnen Prozesse auslöst. Hier tappt die Hirnforschung völlig im Dunkeln und sie wird auch in Zukunft kaum fündig werden können. Denn selbst wenn man im Gehirn „herumlaufen" und alle Abläufe aus nächster Nähe beobachten könnte, würde man den „Verursacher" der Prozesse nicht entdecken, denn der ist höchstwahrscheinlich immaterieller Natur.

Einer der aktuell weltweit führenden Hirnforscher ist David Eagleman, ein Schüler des bereits zitierten Francis Crick und deshalb nicht überraschend ein überzeugter Materialist. In seinem soeben (2017) erschienenen Buch „The Brain" stellt er den aktuellen Stand der Hirnforschung vor. Anhand zahlreicher Beispiele und Experimente versucht Eagleman nachzuweisen, dass es die Gehirnzellen sind, die „denken", „diskutieren", „Entscheidungen treffen". So zeigt er z. B., dass bei einem Entscheidungsprozess verschiedene Gehirnregionen aktiv sind. Er vergleicht diese Regionen dann mit Parteien, die miteinander diskutieren, bis sich schließlich die Meinung einer Partei (Gehirnregion) durchsetzt (The Brain, S. 113–115). Er suggeriert dem Leser durchgängig, die Gehirnzellen seien eigenständig denkende Einheiten. Den Beweis, dass das so ist, bleibt er allerdings schuldig. Ebenso eine Erklärung, wie das „Denken" der Gehirnzellen möglich sein soll oder wie die Zellen eine Abfolge logischer Gedankengänge produzieren. Nach wie vor ergibt sich aus seinen Darstellungen lediglich, dass beobachtet werden kann, welche Gehirnregionen bei welchen Aktivitäten in welcher Intensität aktiv sind. Von einer Erklärung, wie geistige Phänomene entstehen, wer oder was sie auslöst, findet sich in dem gesamten Werk keine Spur.

- Es ist zu beachten, dass die Seele während ihres „Stubenarrests" auf der Erde an das Gehirn „gefesselt" ist. Sie kann sich nur so entfalten, wie es ihr „Gastgehirn" zulässt. Sie hat sich den materiellen Umständen zu beugen. Das erklärt z. B., warum der Mensch bis zu einem gewissen Grad manipulierbar ist. Das materielle Gehirn ist das Ergebnis eines evolutionären Prozesses, dem sich auch die Seele nicht entziehen kann. Die Seele ist in diesem Gefängnis eingesperrt. Das Stammhirn hat diverse Verhaltensmuster gespeichert, die bei Bedarf automatisch abgerufen werden und ablaufen. Dazu gehören z. B. die ganzen Körperfunktionen wie Atmung oder Verdauung, über die wir uns keinerlei Gedanken machen müssen. Sie laufen automatisch ab. Die Seele hat darauf nur bedingt Einfluss, z. B. über Entspannungsübungen wie autogenes Training. Die Ergebnisse der Hirnforschung sind in diesem Licht zu bewerten. Das bedeutet, dass immer zu fragen ist, ob die erforschte Gehirnleistung dem evolutionär bedingten Verhaltensmuster und Automatismus zuzurechnen ist (wesentlich im Stammhirn angesiedelt; die Seele hat darauf tendenziell nur begrenzten Einfluss). Diese Gehirnleistungen sind aus der evolutionären Entwicklung heraus materiell erklärbar. Sie sind auch bei Tieren vorhanden. Auch ein Elefant atmet, verdaut usw. Dazu bedarf es keiner „Seele" oder eines „Geistes". Damit ist aber auch deutlich, dass alle Ergebnisse der Hirnforschung, die sich auf diesen Teil der Gehirnaktivitäten beziehen, keinesfalls Beweise für die materialistische Position sind. Denn damit werden die **mentalen Phänomene**, wie Ideen, Gedanken usw., die dem „freien" Gehirnteil zuzuordnen sind, gerade **nicht** erklärt. Um **diese** Phänomene zu „produzieren", bedarf es eines außenstehenden Auslösers, möglicherweise der Seele/des Geistes.

- Der australische Philosoph Frank Jackson entwickelte ein **Gedankenexperiment**, um nachzuweisen, dass sich mentale Phänomene nicht vollständig durch physikalische Eigenschaften und Prozesse erklären lassen.

Die Naturwissenschaftlerin Mary lebt von Geburt an in einem Labor, in dem es keine Farben gibt, alles ist in Schwarz, Weiß oder Grau gehalten. Sie ist Physiologin und kennt alle Fakten über Prozessabläufe im Gehirn und alle physischen Fakten über das Sehen von Farben. Sie weiß (theoretisch) ganz genau, welche neuronalen Prozesse in unserem Gehirn ablaufen, wenn wir blaue, rote oder sonstige farbige Dinge betrachten. Wenn sie nun das Labor erstmalig in ihrem Leben verlässt, erlebt sie zum ersten Mal, wie Farben tatsächlich und nicht nur theoretisch aussehen. Sie hat dadurch ein ihr bisher unbekanntes mentales Erlebnis. Obwohl Mary alle nur denkbaren wissenschaftlichen Erkenntnisse über die im Gehirn ablaufenden Prozesse bei der Farbwahrnehmung kennt, lernt sie jetzt eine neue Art des Erlebens kennen. Sie wusste bisher nicht, was ein „Farberlebnis" ist.[31]

Jackson argumentiert jetzt wie folgt: Mary lernt, als sie aus dem Labor kommt, neue Fakten über das Sehen von Farben. Also kannte sie bisher nicht **alle** Fakten über das Sehen von Farben, obwohl ihr doch alle physischen Fakten darüber bekannt waren. Also muss es nicht physische Fakten geben. Deshalb ist die materialistische Position falsch.

- Es sei auch an die Auffassung vieler Wissenschaftler aus anderen Disziplinen erinnert. Ich wiederhole das Zitat von Hoimar von Ditfurth, das diese Meinungen eindrucksvoll zusammenfasst: *„Geist gibt es in der Welt nicht deshalb, weil wir ein Gehirn haben. Die Evolution hat vielmehr unser Gehirn und unser Bewusstsein allein deshalb hervorbringen können, weil ihr die reale Existenz dessen, was wir mit dem Wort Geist meinen, die Möglichkeit gegeben hat, in unserem Kopf ein Organ entstehen zu lassen, das über die Fähigkeit verfügt, die materielle mit dieser geistigen Dimension zu verknüpfen."*[22]

- Der Philosoph Vittorio Hösle zeigt auf, dass es absurd ist, anzunehmen, unser Bewusstsein sei lediglich das Produkt unseres Gehirns: *„Nehmen wir einmal an, unser Denken wäre tatsächlich nichts anderes als ein Epiphänomen der Materie* (das Produkt chemischer Prozesse in unserem Gehirn, Anm. des Autors). *Wenn das ... richtig wäre, dann gäbe es nicht die geringste Garantie, warum mentale Phänomene ... wahrheitsfähig sein sollten. Warum sollten etwa jetzt, wo wir beide miteinander reden, unsere gedanklichen Prozesse in der Lage sein, logische Folgerungsbeziehungen zu erfassen, wenn sie nichts anderes sind als Epiphänomene biochemischer Prozesse? Die einzig mögliche Lösung ist zu sagen: Die biochemischen Prozesse und die psychophysischen Zusammenhänge sind von Anfang an daraufhin angelegt, dass mentale Prozesse entstehen, die in der Lage sind, logische Folgerungsbeziehungen zu erfassen."*[32] Mit anderen Worten: Rein biochemische Prozesse sind nicht in der Lage, aus sich selbst heraus aufeinanderfolgende logische Gedankengänge zu produzieren. Es fehlt einfach das „geistige" Element, das diese Logik produziert. Das Phänomen „Geist" kann deshalb nicht mit rein biochemischen und elektrischen Prozessen erklärt werden. Vielmehr muss etwas „Geistiges" auf die biochemischen/elektrischen Prozesse Einfluss nehmen.

• Das nach meiner Auffassung stärkste Argument gegen materialistische Positionen ist jedoch, dass sich die Materialisten bei genauerem Hinsehen mit ihren eigenen Argumenten ad absurdum führen, sich somit selbst widerlegen. Unter anderen haben John Eccles[33], der Theologe Prof. E. Schockenhoff[34] und Karl Popper[35] auf diesen Widerspruch hingewiesen. Die Argumentation lautet wie folgt:
Die Materialisten vertreten die Theorie, dass mentale Phänomene wie das Bewusstsein vollständig durch physikalische, neuronale Abläufe im Gehirn erklärbar sind. Phänomene wie Geist oder mein „Ich" sind Illusionen, produziert durch das Gehirn. Nun ist diese Theorie aber selbst ein mentales Phänomen, denn das wissenschaftliche Erklären der Theorie spielt sich im Bewusstsein des Erklärenden ab. Die Theorie setzt somit das, was sie eigentlich erst erklären will, das menschliche Bewusstsein, für ihren Erklärungsversuch schon voraus. Das Bewusstsein ist der Ausgangspunkt der Theorie und nicht das zu erklärende Ergebnis. Das Bewusstsein kann deshalb mit der Theorie auch nicht wegerklärt werden. Die materialistische Theorie zerstört mit ihrer These ihre eigenen Voraussetzungen und endet deshalb in einem Selbstwiderspruch.
Oder mit anderen Worten: Über die materialistische Theorie kann man nicht argumentieren, denn sie führt alle unsere Reaktionen, Gedanken und Argumente auf rein physikalische Vorgänge in unserem Gehirn zurück, selbst wenn wir subjektiv den Eindruck haben, wir würden selbst unsere Meinung zum Ausdruck bringen. Wir argumentieren also nicht selbst, sondern die in unserem Gehirn ablaufenden physikalischen Prozesse. Und die gaukeln uns vor, wir hätten ein eigenes „Ich". Und dieses nicht vorhandene „Ich" argumentiert nun, es existiere ja

auch gar nicht, sondern sei nur ein Produkt der neuronalen Prozesse im Gehirn. Das ist mit den Worten von Eccles eine eindrucksvolle „Reductio ad absurdum", also ein logischer Widerspruch in der Behauptung, das „Ich" sei ein Produkt des Gehirns.

Ich fasse zusammen: Die Frage, ob der Mensch „nur" aus seinem materiellen Körper besteht oder ob er neben diesem Körper noch eine selbständige, unabhängige „Seele" hat, ist ungeklärt. Weder Philosophie noch Theologie noch Wissenschaft haben für eine der beiden Positionen Beweise geliefert.

Ich habe mich entschieden, der dualistischen Auffassung zu folgen. Die vier wichtigsten Gründe für meine Entscheidung sind:

- Das Argument, dass sich die Materialisten selbst ad absurdum führen, leuchtet mir ein und überzeugt mich. Man kann nicht die Entstehung und Existenz des Selbstbewusstseins erklären wollen und für diese Erklärung die Existenz des Selbstbewusstseins bereits voraussetzen. Das ist absurd.
- Wo und wie entstehen meine Gedanken und Ideen? Wenn ich spontan sage: „Jetzt setze ich mich hin und plane meinen nächsten Urlaub", und frage mich dann: „Wo kam denn dieser Gedanke, diese Idee so plötzlich her? Dann sagen mir die Materialisten: Diesen Gedanken hat dein Gehirn durch neuronale Prozesse (selbständig) erzeugt. Du bildest dir nur ein, dass du, dein Selbstbewusstsein, diesen Gedanken produziert hast. Ebenso würde in einer Diskussion nicht „Ich" Argumente produzieren, sondern „geistlose" neuronale Prozesse. Das erscheint mir merkwürdig. Überzeugender ist für mich, dass mein eigenständiger, vom Körper unabhängiger Geist diesen Gedanken hervorgerufen hat.
- Ich halte es wie von Ditfurth für eine aberwitzige Vorstellung, anzunehmen, das Phänomen des Geistes sei erst mit uns selbst in dieser Welt erschienen. Als habe das Universum ohne Geist auskommen müssen, bevor es uns gab. Genau die umgekehrte Perspektive dürfte

dem wahren Sachverhalt sehr viel näherkommen: Geist gibt es in der Welt nicht deshalb, weil wir ein Gehirn haben, sondern erst entwickelte Gehirne sind in der Lage, den Geist zu erfassen.

- Schließlich hat der Mensch auch nach den Aussagen der Bibel eine vom Körper unabhängige Seele. Die biblische Aussage ist mit den wissenschaftlichen Erkenntnissen vereinbar. Sie ist wissenschaftlich nicht widerlegt. Im Gegenteil, es sprechen sehr gute Argumente für die Richtigkeit der These.

Weil es deshalb für mich die wahrscheinlichere und einsichtigere Antwort ist, gehe ich davon aus, dass jeder Mensch eine vom Körper unabhängige Seele hat. Diese Antwort passt auch zu meinem bisher dargestellten Gesamtbild: Gott hat die Seelen bereits vor dem Urknall erschaffen und lebt mit ihnen in Gemeinschaft. Im Fall eines „Vergehens" verbannt Gott diese Seele in die materielle Schöpfung und kettet sie für die Zeit des irdischen Daseins an einen materiellen Körper.

D 6   Weiterleben nach dem Tod?

Für die Materialisten und Atheisten ist die Antwort klar. Da es keine vom Körper unabhängige Seele gibt, ist mit dem Tod alles zu Ende. Der Mensch hört auf zu existieren.

Die Position der Kirche ist ebenfalls klar: Im Moment des Todes trennt sich die immaterielle Seele vom materiellen Körper und lebt weiter.[36] Das deckt sich auch mit den Aussagen der Bibel: *„Es wird gesät ein natürlicher Leib und wird auferstehen ein geistlicher Leib. Gibt es einen natürlichen Leib, so gibt es auch einen geistlichen Leib"*, 1. Kor. 15,44.

Gerade in jüngerer Zeit vertreten Theologen eine abweichende Position. So steht für Küng fest: *„Denn: der Mensch stirbt als ganzer, mit Leib und Seele, als psychosomatische Einheit ..."*[26]

Meine Auffassung ergibt sich zwangsläufig aus dem bisher Gesagten und deckt sich mit der Position der katholischen Kirche und der Bibel: Ja, die unabhängige Seele des Menschen, sein „Ich", sein Bewusstsein, seine Person überlebt und existiert weiter. Alle irdischen Erfahrungen sind im Ordner „Erdenleben" gespeichert. Die Seele kehrt nach dem Tod, nach dem Absitzen des „Stubenarrests", wieder in das Jenseits, in die Gemeinschaft mit Gott zurück. Ihr Wissen, ihre Erfahrung ist um die im Ordner „Erdenleben" gespeicherten Informationen erweitert. Deshalb nimmt die Seele alle Erfahrungen und Erlebnisse auf der Erde mit ins Jenseits, obwohl das materielle Gehirn zerfällt.

D 7   Jüngstes Gericht?

Für die Materialisten und Atheisten ist die Frage hinfällig, da es weder eine eigenständige Seele noch einen Gott gibt.

Die Lehrmeinung der Kirche besagt, dass jeder Mensch dereinst dem Jüngsten Gericht unterliegt.[37] Danach wird Jesus Christus über jeden einzelnen Menschen zu Gericht sitzen und dabei jeden einzelnen Gedanken, den ein Mensch jemals hatte, und jede einzelne Tat, die er während seines irdischen Lebens vollbracht hat, bewerten und dann zu einem Urteil kommen. Beurteilungskriterium ist ausschließlich das hier auf der Erde geführte Leben.[38]

Auch nach meiner Auffassung findet nach dem Ende unseres „Stubenarrests" in der materiellen Welt, also nach unserem irdischen Tod, ein „Beurteilungsgespräch" statt. Dieses Beurteilungsgespräch ist das in der Bibel angeführte „Jüngste Gericht". Genau so, wie es Eltern mit ihrem Kind nach einem Stubenarrest machen, besteht das Jüngste Gericht in einem „Aufarbeitungsgespräch". Die Bibelstelle *„Niemand kommt zum Vater denn durch mich"* (Joh. 14,6) deutet darauf hin, dass dieses Gespräch mit Jesus geführt wird. Beurteilungsmaßstab für das Gespräch ist ausschließlich unsere Zeit auf der Erde. Jesus wird mit uns unser Verhalten während unseres „Stubenarrests" besprechen. Haben wir uns verbessert? Haben wir unser Fehlverhalten eingesehen? Wie haben wir uns auf der Erde verhalten? Haben wir ein gottgefälliges Leben geführt? Aufgrund aller Fakten wird Jesus zum Abschluss des Gesprächs ein „Urteil" fällen.

D 8   Ewige Verdammnis, ewige Qualen?

Nach der Lehrmeinung der katholischen Kirche wird das Urteil aufgrund des Jüngsten Gerichts grundsätzlich „Ewiges Leben in Glücksseligkeit" oder „Ewige Verdammnis" lauten. In ausgewählten Fällen muss man vor dem Eintritt in die ewige Glücksseligkeit noch durch das reinigende Fegefeuer (Purgatorium).[39/40] Zur Begründung werden diverse Bibelstellen genannt, darunter auch Aussagen direkt von Jesus persönlich, z. B. Mt. 25,41: *„Gehet hin von mir, ihr Verfluchten, in das ewige Feuer, das bereitet ist dem Teufel und seinen Engeln!"* Mt. 25,46: *„Und sie werden in die ewige Pein gehen, aber die Gerechten in das ewige Leben."* Mt. 18,8: *„... und werdest in das ewige Feuer geworfen."* 2. Thess. 1,9: *„Die werden Strafe leiden, das ewige Verderben, fern ..."* Mk. 9,43: *„... und fahrest in die Hölle, in das ewige Feuer."*

Dem stehen allerdings auch diverse Bibelstellen gegenüber, die zeigen, dass es **keine** „ewige" Verdammnis gibt, z. B. Klgl. 3,31: *„Denn der Herr verstößt nicht ewig."* Ps. 77,8: *„Wird denn der Herr auf ewig verstoßen und keine Gnade mehr erweisen?"* Ps. 100,5: *„Denn der Herr ist freundlich und seine Gnade währet ewig ..."* Ps. 103,9: *„Er wird nicht für immer hadern noch ewig zornig bleiben."*

Da die Bibel vom reinen Wortlaut her ausreichend Argumente sowohl für die Bejahung einer ewigen Verdammnis als auch für deren Verneinung liefert, ist es von alters her heftig umstritten, welche Position die richtige ist. Die Liste namhafter Theologen, die eine ewige Höllenstrafe unter Berufung auf die Bibel verneinen, ist lang. Sie reicht von alten Kirchenvätern wie Origenes oder Diodor von Tarsus bis zu zeitgenössischen Theologen wie Hans Küng, Eugen Drewermann oder Vito Mancuso. Es ist daher wichtig festzuhalten, dass schon vom reinen Wortlaut der Bibel her beide Positionen vertreten werden können.

Bei der Prüfung, welche der beiden Auffassungen die richtige ist, muss deshalb der Gesamtzusammenhang der biblischen Aussagen der Kompass sein. Die Antwort darf nicht im Widerspruch zur Gesamtaussage der Bibel stehen. Der wichtigste Prüfstein ist dabei die Liebe Gottes.

Aus zwei Gründen gibt es keine ewige Verdammnis:

Erstens ist es höchst zweifelhaft, ob in der Bibel überhaupt die ewige Verdammnis als eine Möglichkeit ausgedrückt wird. Wie oben angeführt, gibt es zwar Bibelstellen, in denen scheinbar eindeutig von ewiger Verdammnis und ewigem Leiden gesprochen wird. Als erstes Gegenargument können die Bibelstellen angeführt werden, die die ewige Verdammnis ausschließen. Ein weiteres gewichtiges Gegenargument ist die Historie der Übersetzungen der Bibeltexte. Ursprünglich war das Alte Testament hauptsächlich in Hebräisch, teilweise auch in Aramäisch verfasst. Das Neue Testament wahrscheinlich teilweise in Griechisch und Palästinisch-Aramäisch. Über viele Zwischenstufen bildeten sich aus den Urtexten und Zusammenfassungen vier Hauptübersetzungen heraus. Eine in Aramäisch, zwei in unterschiedlich ausgeprägtem Griechisch und eine in Latein. Über die Jahrhunderte wurde versucht, diese vier „Standardquellen" zu einer einzigen zu vereinheitlichen. Dass es bei dieser Historie zwangsläufig zu „missverständlichen" Formulierungen und Übersetzungen kommen musste, ist offenkundig. Uns interessieren dabei besonders die Hintergründe, wenn in der Bibel Worte mit „ewig" übersetzt wurden. Hat Jesus tatsächlich im Original gesagt, dass wir „ewig" verdammt werden können? Oder handelt es sich um missverständliche Übersetzungen?

Das Wort „ewig" kann verschiedenste Bedeutungen haben, je nachdem, in welchem Sinnzusammenhang es verwendet wird. Auch heute benutzen wir es, um unterschiedlichste Situationen zu beschreiben. Wenn wir vom „ewigen Leben" im Sinne der Bibel sprechen, bedeutet „ewig" für uns endlos. Wenn ein zu lebenslanger Haft Verurteilter sagt: „Ich werde für immer und ewig im Gefängnis sein", bedeutet es lediglich einen langen Zeitraum von vielleicht zwei Jahrzehnten. Wenn wir meinen, etwas könnte in zwei Minuten erledigt werden, und jemand benötigt dafür zehn Minuten, sagen wir schon mal: „Das hat ja ewig gedauert." Dann bedeutet „ewig" lediglich einen kurzen, „gefühlt" jedoch längeren Zeitraum.

Die Frage lautet also: Ist „ewig", im Sinne von „endlos", überhaupt die richtige Übersetzung für das in den Originalbibeltexten verwendete Wort und in welchem Sinnzusammenhang steht die übersetzte Stelle? In den aus dem Hebräischen übersetzten Texten steht an den einschlägigen Bibelstellen das Wort „Olam", in den griechischen das Wort „aion(ios)", jeweils in verschiedenen grammatikalischen Ausgestaltungen. Weder „Olam" noch „aion(ios)" haben in ihren Sprachen **ausschließlich** die Bedeutung „ewig" im Sinne von endlos, niemals endend. Sie können vielmehr auch bedeuten: „Weltzeit", „unbekannte Zeit", „ferne Zeit", „lange Zeit", „Urzeit" oder „Vorzeit". Insofern entspricht bereits die Übersetzung mit „ewig" im Sinne von „endlos, niemals endend" nicht notwendigerweise dem Sinngehalt von „Olam" und „aion(ios)". Auch wenn man die einzelnen Bibelstellen auf ihren Sinngehalt hin untersucht, ergibt sich nicht zwingend, dass dort von einer „endlosen, ewigen Verdammnis" die Rede ist. Vielmehr ergibt sich, dass auch ein endlicher Zeitraum gemeint sein kann. Dieser kann relativ kurz sein, z. B. ein Menschenleben lang, aber auch länger, z. B. ein „Zeitalter". Wer sich für genaue, detailreiche Untersuchungen der Materie interessiert, sei verwiesen auf z. B. Claude H. Sunier[41], Wolfgang Gaßler[42] oder auch Heinrich Langenberg[43].

Es ist deshalb bereits von der Übersetzung und dem Wortsinn her zweifelhaft, ob die einschlägigen Bibelstellen überhaupt von einer ewigen Verdammnis sprechen oder lediglich von einem „langen" Zeitraum.

Zweitens, und das ist der gewichtigere Grund, steht die Annahme einer ewigen Verdammnis in scharfem Konflikt mit der wichtigsten Eigenschaft Gottes, seiner Liebe zu seiner Schöpfung. Nach der Bibel ist Gott ein „liebender, gnädiger, barmherziger Gott". Wenn Gott seine Geschöpfe wirklich liebt, wenn er gnädig und barmherzig ist, dann kann sein Urteil in keinem Fall „ewige" Verdammnis sein. Das wäre geradezu grotesk. Wir hatten, um uns den Begriff „ewig" besser vorstellen zu können, „ewig" mit der durchschnittlichen Lebenserwartung eines Menschen von 80 Jahren gleichgesetzt. Darauf übertragen würde ewige Verdammnis bedeuten, dass ein Mensch aufgrund eines Vergehens, das nur eine Sekunde seines Lebens gedauert hat, für immer, bis zu seinem Lebensende, höllischen, sadistischen Qualen ausgesetzt wäre. Und dabei hinkt dieser Vergleich noch extrem, denn die Qualen hätten – wenigstens – nach 80 Jahren ein Ende. „Ewige" Verdammnis endet dagegen nie. Wenn es die ewige Verdammnis tatsächlich gäbe, hätten wir es deshalb nicht mit einem liebenden, sondern mit einem sadistischen, zynischen, gefühlskalten, lieblosen Gott zu tun. Selbst wir Menschen, deren Fähigkeiten zu lieben, Gnade und Barmherzigkeit walten zu lassen, im Vergleich zu Gott sehr bescheiden ausgeprägt sind, verzichten im modernen Strafvollzug auf reine Vergeltungsstrafen und bieten regelmäßig Bewährungsmöglichkeiten. Lebenslange Haftstrafen gibt es in vielen Ländern nicht mehr. Sollten wir Menschen also zu größerer Liebe, Gnade und Barmherzigkeit fähig sein als Gott? Die Antwort ist klar. Die Eigenschaften „absolut liebender, gnädiger, barmherziger Gott" sind in der Bibel eindeutig verbürgt, lassen sich nicht wegdenken. Sie ziehen sich wie ein roter Faden durch die gesamte Bibel. Man würde dem Gott, den wir verehren und anbeten, drei seiner zentralen, wesentlichsten Eigenschaften nehmen. Es wäre nicht mehr der Gott der Bibel. Schon wegen dieses offensichtlichen Konflikts mit essentiellen Eigenschaften Gottes kann es nicht stimmen, dass wir aufgrund unseres Verhaltens während lächerlicher 80 Jahre auf „ewig" verdammt werden könnten.

D 9 Der Sinn unseres Lebens

Auf diese Frage haben bisher weder Philosophie noch Theologie eine befriedigende Antwort gegeben.

Die Kirche erklärt den Sinn unseres Lebens folgendermaßen: „... *der Mensch selbst ist erschaffen, um Gott zu erkennen, ihm zu dienen und ihn zu lieben, um ihm in dieser Welt in Danksagung die ganze Schöpfung darzubringen und zum Leben mit Gott im Himmel erhoben zu werden.*"[44] Bei genauerem Hinsehen ergibt das wiederum ein merkwürdiges Gottesbild. Gott hat unser Umfeld hier auf der Erde so eingerichtet, dass es uns außerordentlich schwerfällt, diesen von der Kirche propagierten Lebenssinn zu erfüllen. Neben der Hauptaufgabe, Gott zu erkennen, ihn zu lieben und ihm zu dienen, müssen wir so ganz nebenbei für unseren Lebensunterhalt sorgen und uns „durchs Leben schlagen". Dabei bewegen wir uns in der westlichen Welt noch auf einem relativ hohen Lebensstandard. Im überwiegenden Teil der Welt ist die Lebenssituation für die Menschen drastisch schlechter. Teilweise müssen sie tagtäglich ums nackte Überleben kämpfen. Wo soll da noch Zeit bleiben, Gott zu erkennen, ihn zu lieben und ihm zu dienen? Diese Menschen werden eher fragen: „Gott, wenn es Dich gibt, wo bist Du?" Deshalb ist es für den weit überwiegenden Teil der Menschheit von vornherein unmöglich, den von der Kirche vorgegebenen angeblichen Lebenssinn zu erfüllen. Was ist das also für ein Gott, der uns ein Lebensziel aufgibt, das wir unter den gegebenen Lebensumständen normalerweise nicht erreichen können? Er wirft uns, bildlich gesprochen, ständig Knüppel zwischen die Beine und ergötzt sich daran, wie wir im Hamsterrad unsere Runden drehen.

Auch Küng verwirft die Ansicht der Kirche und untersucht Alternativen für den Sinn unseres Lebens.[45] Leider liefert auch er keine befriedigende Antwort. Nach dem „kleinen Sinn", der für Menschen z. B. in der Arbeit, im Sport oder in der Hilfe für andere bestehen könne, ist seine Beschreibung des „großen Sinnes" doch sehr dürftig. *„Es muss uns genügen, für* *das Hier und Heute einen Sinn im Leben zu finden. Und den muss jeder Mensch … für sich selbst finden, im eigenen … Lebenskreis. … Dies aber mit Aussicht auf einen definitiven, endgültigen Sinn, der einen Sinn im Sterben einschließt.*"[46] Mit anderen Worten, Küng hat auch nicht viel Besseres anzubieten als die Kirche.

Nach der von mir vertretenen Auffassung stellt sich die Lage völlig anders und gleichzeitig klar dar. Wir sind zum „Stubenarrest" hier auf der Erde. Sinn unseres Lebens hier ist, unsere Strafe abzusitzen und dabei ein möglichst gottgefälliges Leben zu führen. Was „gottgefällig" ist, hat Gott uns auf vielfältige Weise offenbart, z. B. durch die Zehn Gebote oder die Lehren Jesu, in deren Zentrum die Bergpredigt, Mt. 5–7, Lk. 6,17–49, steht. Jeder Mensch soll im Rahmen seiner Möglichkeiten versuchen, möglichst nahe an diese Vorgaben heranzukommen. Gleichzeitig bleibt uns Gott verborgen, damit wir das Gefühl der „Gottverlassenheit" kennenlernen. Nach unserem körperlichen Tod wird Jesus mit uns ein Beurteilungsgespräch über unser irdisches Verhalten führen.

D 10   Die Lösung des Theodizee-Problems

Die Kirche und mit ihr die gesamte Christenheit kapituliert vor der Frage, wo angesichts des ganzen Leids in der Welt Gottes Allmacht, Liebe und Barmherzigkeit ist. Die Antwort wird als über unseren Verstand hinausgehend oder auch als Gottes Geheimnis bezeichnet.

Dem ist entgegenzuhalten, dass eine Antwort nur deshalb nicht gegeben werden kann, weil ein Dogma der Kirche besagt, dass Gott die menschliche Seele jeweils neu bei der Zeugung eines Menschen erschafft. Wie bereits ausführlich begründet, ist das eine mögliche, jedoch nicht die einzig mögliche durch die Bibel gedeckte Position, vgl. oben unter D 1.3. Da die Kirche gleichzeitig Seelenwanderung ablehnt, kommt es jetzt konsequenterweise entscheidend auf dieses eine Leben, auf diese ca. 80 Jahre hier auf Erden an. Ein anderes Leben haben wir nicht. Wir sind deshalb gezwungen, unsere Situation während dieser 80 Jahre in Beziehung zu setzen zu Gottes angeblicher Liebe und Allmacht. Dabei stellen wir fest, dass die Lebensverhältnisse der Menschen höchst unterschiedlich sind. Wenigen geht es gut bis sehr gut, der Mehrheit dagegen schlecht, viele kämpfen schlicht um das nackte Überleben. Und vor allem, viele Menschen müssen großes Leid ertragen. Das ist offensichtlich nicht in Einklang zu bringen mit einem liebenden, gerechten und allmächtigen Gott. Denn diese Liebe und Allmacht müsste sich notwendigerweise während unseres Erdenlebens konkretisieren. Gott müsste während dieser 80 Jahre seine Liebe und Allmacht einsetzen, um Gerechtigkeit herzustellen und das Leid zu verhindern. Da dem offensichtlich nicht so ist und der Konflikt (scheinbar) nicht auflösbar ist, muss man sich auf ein Geheimnis Gottes zurückziehen.

Rückt man dagegen von dem Dogma ab, dass Gott die Seelen jeweils neu bei der Zeugung/Geburt eines Menschen schafft, ist das Theodizee-Problem leicht zu lösen. Die Lösung ergibt sich durch die Kombination meiner Ausführungen in den Kapiteln D 1.3 (Wann hat Gott die Seelen erschaffen?) und D 2.1 (Erziehungsmaßnahme Stubenarrest). Durch die von mir vorgestellte, durch die Bibel gedeckte Position gewinnen wir eine völlig andere Perspektive. Unsere Seele wird eben nicht erst bei unserer Zeugung von Gott geschaffen, sondern sie existiert bereits vorher. Deshalb ist unsere Existenz hier auf Erden nicht unser ganzes, einziges Leben, sondern nur ein Wimpernschlag davon. Nicht unser Leben hier auf der Erde ist das alles Entscheidende. Ganz im Gegenteil, es ist nur ein kurzes Aufleuchten in unserem ewigen Leben, letztendlich nur ein kurzes Zwischenspiel. Damit verliert dieses „Zwischenspiel" seine zentrale Bedeutung für die Frage, ob Gott tatsächlich ein liebender und gleichzeitig allmächtiger Gott ist. Die Frage entscheidet sich nicht anhand lächerlicher 80 Jahre, sondern in Gottes ewigem Handeln. Gott ist in der Ewigkeit liebend, gerecht und allmächtig. Da auch wir ewig mit Gott zusammenleben, erleben wir seine Liebe und Allmacht widerspruchsfrei in der Ewigkeit, die auch unsere 80 Jahre auf der Erde umfasst. Auch der Konflikt zwischen Gottes Liebe zu uns und unserer Be- und Verurteilung durch Gott aufgrund unseres Verhaltens während der 80 Jahre hier auf Erden löst sich in nichts auf. Es wird gerade nicht alles auf die eine Karte, das eine Leben hier auf Erden, gesetzt. Gott be- und verurteilt uns nicht (nur) aufgrund unseres Verhaltens während dieses Lebens. Im Gegenteil: Dem Aufenthalt hier ist schon eine Beurteilung vorausgegangen. Wir haben uns im Paradies, im Jenseits, fehlverhalten. Deshalb haben wir von Gott als Strafe „Stubenarrest" bekommen. Nach dem Absitzen dieser Strafe kehren wir ins Jenseits, in die Gemeinschaft mit Gott, zurück. So wie Eltern ihr Kind nach einem Stubenarrest selbstverständlich wieder in die familiäre Gemeinschaft aufnehmen.

E Zusammenfassung

Die von mir vertretene Hypothese ist im Einklang mit den Aussagen der Bibel und auch nach den aktuellen Erkenntnissen der Naturwissenschaften möglich und zudem in sich schlüssig und widerspruchsfrei. Sie besagt, dass

- Gott ewig und der Ursprung von allem ist.
- Gott als Erstes Seelen erschaffen hat, um Ansprechpartner um sich herum zu haben. Die Seelen sind ihm sehr ähnlich und mit ihm (fast) „auf Augenhöhe". Sie leben in der immateriellen Welt des Jenseits mit Gott zusammen nach einem von ihm vorgegebenen Regelwerk. Gott möchte, dass die Seelen ihn frei-willig lieben. Deshalb haben sie einen freien Willen.
- Gott, als Ursprung von allem, vereint alles überhaupt Mögliche in sich. Dabei ist „alles Mögliche" völlig unbegrenzt, unendlich, da Gott selbst ohne Grenzen und Beschränkungen ist. Er ist deshalb die unendliche,

ewige Quelle aller Gedanken, Melodien, Theorien und überhaupt von allem, was wir in unserer irdischen Begrenztheit nicht einmal erahnen können.

- Gott „sendet" diese „Möglichkeiten" in einem endlosen Strom ständig aus. Er ist der Ursprung aller Gedanken, Ideen, Inspirationen usw. Die Seelen haben „Antennen", mit denen sie diese Sendungen empfangen und dann für sich weiterverarbeiten.
- Bei bestimmten Verstößen gegen Gottes Regelwerk wird eine Seele aus dem Jenseits vorübergehend in die materielle Welt zum „Stubenarrest" verbannt und mit einem materiellen Körper verkettet. In dieser Zeit werden die Erinnerung an das Jenseits und der Kontakt zum Jenseits abgeblockt. Die Seele kann Gottes „Sendungen" nicht mehr empfangen. Für die Erdenzeit wird ein neuer „Speicher/Ordner" „Erdenleben" angelegt. Alle Erfahrungen auf Erden werden sowohl im materiellen Gehirn als auch im „Sicherungsspeicher" „Erdenleben" gespeichert. Mit dem Tod geht lediglich der materielle Speicher „Gehirn" unter. Der „Sicherungsspeicher" „Erdenleben" bleibt erhalten. Diese Erfahrungen nimmt die Seele mit ins Jenseits.
- Um die Seelen aus dem immateriellen Jenseits in die materielle Welt verbannen zu können, hat Gott die materielle Welt, das oder die Universen, durch den Urknall geschaffen.
- Sinn des Lebens auf der Erde ist es, unter Berücksichtigung der jeweiligen Lebensumstände, ein möglichst gottgerechtes Leben zu führen und gleichzeitig das Gefühl der Gottverlassenheit kennenzulernen.
- Nach dem irdischen Tod kehrt die Seele auf jeden Fall in die Gemeinschaft mit Gott und den anderen Seelen ins Jenseits zurück. Die Seele ist um die auf der Erde gemachten Erfahrungen, die im Speicher „Erdenleben" festgehalten sind, reicher.
- Jesus wird mit der Seele ein „Beurteilungsgespräch" führen, in dem es um das Verhalten der Seele auf der Erde und die dort gemachten neuen Erfahrungen geht.
- Als Ergebnis wird Jesus bestimmen, wie es mit der Seele weitergeht. In keinem Fall gibt es eine ewige Verdammnis.

Im Vergleich zu der Lehre der Kirche ergibt sich jetzt eine völlig neue Perspektive. Grundlegende Fragen können nachvollziehbar beantwortet werden. Insbesondere wandelt sich die Angst- und Höllenlehre der Kirche zu einer Liebes- und Trostlehre.

F   Zweifelsfragen

Das von mir vorgestellte System Gottes ist ein in sich schlüssiges, widerspruchsfreies System. Dennoch bleiben offene Fragen, z. B. wie das Zusammenspiel zwischen unserer Seele und unserem Gehirn genau funktioniert. Im Folgenden gehe ich auf einige Fragen ein, die der Leser möglicherweise genauer beantwortet haben möchte.

F 1   Zwei Fundamente der kirchlichen Lehre

a.   Vorbemerkungen

Zwei wesentliche Säulen der christlichen Lehre sind die Erbsünde und die Sühnetheologie. Nach der Erbsünde wird der „Ursündenfall" von Adam und Eva fortlaufend auf alle Nachkommen vererbt. Wegen dieser Erbsünde ist jeder Mensch grundsätzlich rettungslos verloren. Hier greift nun die Sühnetheologie: Jesus Christus erlöst die Menschen aus ihrer aussichtslosen Situation, indem er durch seinen Opfertod die Sünden der Menschen, inklusive Erbsünde, auf sich nimmt. Er erlöst die Menschen, weil er durch seinen Opfertod Gott mit den Menschen versöhnt. Jesus „sühnt" für die Sünden der Menschen. Sowohl die Lehre von der Erbsünde als auch die Sühnetheologie gehen auf Paulus zurück. Bei Paulus handelt es sich um den früheren „Saulus", einen gefürchteten Christenverfolger, der, erst nachdem ihm Jesus erschienen ist, zum „Paulus" wurde

(Apg. 9,1–19). Das Neue Testament wird neben den vier Evangelien von der Apostelgeschichte und den insgesamt vierzehn Briefen des Paulus an verschiedene Gemeinden beherrscht. In diesen Briefen hat Paulus seine „Paulinische Theologie" entwickelt, deren Eckpfeiler die Erbsünde und die Sühnetheologie sind.

Für die Beurteilung und Gewichtung der Thesen von Paulus ist wichtig, dass er Jesus zu dessen Lebzeiten niemals persönlich begegnet ist. Er ist ihm nur durch dessen „Erscheinen" bekannt. Nach der Schilderung in Apg. 9,1–19 gab ihm Jesus dabei auf, von der Verfolgung der Christen abzulassen und stattdessen seine (Jesu) Botschaft in aller Welt zu verkünden. An keiner Stelle ist etwas darüber ausgesagt, dass Paulus von Jesus den Auftrag erhalten hätte, seine (Jesu) Botschaft zu ergänzen oder zu erweitern. Immer wenn sich Paulus auf Jesus oder Gott beruft, verweist er auf die in der Apostelgeschichte geschilderte Erscheinung Jesu, dessen „Offenbarung" an ihn und dass er das Evangelium Jesu verkünden solle, vgl. z. B. Gal. 1,11–24, Eph. 3,1–13. Jesus hat aber „sein" Evangelium zu seinen Lebzeiten den Jüngern vorgelebt und gepredigt. Da Paulus Jesus nicht persönlich erlebt hat, hätte es deshalb nahegelegen, sich Informationen über „Jesu Botschaft" von **den** Menschen zu holen, die Jesu Wirken persönlich, aus nächster Nähe, miterlebt haben, also den Jüngern. Nach eigenem Bekenntnis hat Paulus jedoch den Kontakt zu den Jüngern Jesu weitestgehend gemieden, Gal. 1,16–19. Woher wusste Paulus also so genau, was er verkünden sollte? Denkbar ist, dass er dieses Wissen durch die von ihm behaupteten „Offenbarungen" von Jesus erhalten hat, sozusagen in einer Art „Schnellkurs". Unwahrscheinlich ist jedoch, dass Jesus dem Paulus „mehr" offenbart hat als zu seinen Lebzeiten den Jüngern. Denn dann hätte Jesus seine Mission nicht ganz erfüllt. Er hätte „vergessen", den Jüngern noch etwas mit auf den Weg zu geben. Dass dem Gottessohn ein solches „Missgeschick" passiert, ist unglaubwürdig. Aber selbst wenn es so wäre, hätte es weitaus mehr Sinn gemacht, diese zusätzlichen Informationen nachträglich den Jüngern kundzutun und nicht dem „Outsider" Paulus. Die Glaubwürdigkeit der Thesen des Paulus ist deshalb daran zu messen, ob er das verkündet, was Jesus gelehrt hat, oder ob er etwas „Zusätzliches" lehrt, das in den vier Evangelien keine Grundlage hat.

Generell entsteht beim unbefangenen Lesen der Evangelien einerseits und der Paulusbriefe andererseits der Eindruck, dass hier zwei völlig verschiedene Lehren beschrieben werden. Während Jesus eine Theologie der Liebe, der Barmherzigkeit und der Vergebung verkündet, predigt Paulus die Erbsünde und Jesu Sühnetod. So, als hätten Jesus und seine Botschaften gar nicht existiert. In Paulus' Briefen kommen Jesu Worte und Taten auch nicht vor. Eine Auseinandersetzung mit dessen Wirken findet nicht statt. Paulus predigt, dass Jesus Gottes Sohn war und zur Rettung der Menschen deren Sünden durch seinen Opfertod auf sich genommen hat. Der „Lehrauftrag" von Jesus an die Jünger war dagegen ein völlig anderer. Im Missionsbefehl hat Jesus diesen Auftrag eindeutig formuliert (Mt. 28,16–20): *„... Darum gehet hin und machet zu Jüngern alle Völker: Taufet sie auf den Namen des Vaters und des Sohnes und des Heiligen Geistes **und lehret sie halten alles, was ich euch befohlen habe ...**"* (Hervorhebung durch den Autor). Da gibt es keinen „Interpretationsspielraum" mehr. Es ist überdeutlich gesagt, was die zu verkündende Botschaft ist. Die Jünger sollen die ihnen von Jesus vermittelten Verhaltensregeln und Werte in die Welt hinaustragen und an ihre Nachfolger weitergeben. Keinerlei Aussagen darüber, warum Jesus überhaupt in die Welt gekommen ist, und insbesondere auch kein Wort davon, dass die Jünger irgendetwas von einem Sühne- oder Opfertod Jesu lehren sollten. Die von Paulus verkündete Lehre ist somit seine eigene Interpretation von Jesu Tod. Die Jünger hielten sich zunächst strikt an Jesu Auftrag und verkündeten ausschließlich das, was sie mit Jesus erlebt hatten, vgl. z. B. die Rede von Petrus in Cäsarea, Apg. 10,34–48. Erst allmählich schlich sich auch in ihre Verkündigung, abweichend von ihrem Auftrag, die Sühnetheologie des Paulus ein. Warum Paulus mit seiner Sühnetheologie selbst bei den Jüngern so erfolgreich war, werde ich weiter unten aufzeigen. Hier gilt es zunächst festzuhalten, dass die von Paulus gepredigte Theologie nicht im Einklang mit den Evangelien steht und deshalb äußerst kritisch zu betrachten ist.

Die Zweifel an Paulus werden zusätzlich dadurch erhärtet, dass er Thesen lehrte, die mit Sicherheit nicht auf Jesu Offenbarung basieren. So wertet er z. B. die Frau gegenüber dem Mann ab: 1. Kor.11,3–9, 1. Kor. 14,34–35, Eph. 5,22–24. In seiner Staatslehre ist die weltliche Macht immer von Gott eingesetzt und vollzieht deshalb auch ein gerechtes (göttliches) Strafgericht an all denen, die sich nicht der weltlichen Macht beugen, Röm. 13. Jesus lehrte dagegen etwas ganz anderes: *„So gebet dem Kaiser, was des Kaisers ist, und Gott, was Gottes ist"*, Mk. 12,17. Und in der Apostelgeschichte verkündet auch Petrus die gegenteilige Auffassung: *„Man muss Gott mehr gehorchen als den Menschen"*, Apg. 5,29. Unterschiedlicher können die Botschaften nicht sein.

Bei sorgfältiger Bewertung dieses Sachverhalts wiegen deshalb die in den Evangelien verbrieften Worte Jesu allemal mehr als die von Paulus. Die Kirche hat anfangs durchaus darum gerungen, ob sie den Evangelien oder deren Interpretation durch Paulus folgen soll. Denn schon früh wurden die Widersprüche und Ungereimtheiten der paulinischen Theologie erkannt. So ging z. B. der Mönch Pelagius gegen die Erbsünde und die Sühnetheologie an, war damit jedoch nicht erfolgreich.

Beleuchten wir nun die Lehre von der Erbsünde und die Sühnetheologie im Detail.

b.   Die Erbsünde. Gibt es sie?

Nach der christlichen Lehre überträgt sich die allererste Sünde (der Sündenfall durch Adam und Eva) durch Fortpflanzung auf jeden Menschen. Durch diese Erbsünde ist jeder Mensch, unabhängig davon, wie er sein Leben lebt, von Geburt an schuldig.[47] Die Erbsündenlehre geht eindeutig auf Paulus zurück, der sie sozusagen „exklusiv" entwickelt hat. Die „klassische Beweisstelle" stammt aus dem Brief des Paulus an die Römer, Röm. 5,12–21. *„Deshalb, wie durch **einen** Menschen die Sünde in die Welt* *gekommen ist und der Tod durch die Sünde, so ist der Tod zu allen Menschen durchgedrungen, weil sie alle gesündigt haben. Dennoch herrschte der Tod von Adam bis Mose auch über die, die nicht gesündigt hatten, durch die gleiche Übertretung wie Adam ... Wie nun durch die Sünde des Einen die Verdammnis über alle Menschen gekommen ist ...“* Außer in den Briefen des Paulus finden sich in der Bibel kaum Stellen, mit denen die Erbsünde begründet werden könnte. Insbesondere hat Jesus an keiner Stelle in diese Richtung gelehrt. Die katholische Kirche führt noch Ps. 51,7 an: *„Siehe, ich bin als Sünder geboren, und meine Mutter hat mich in Sünden empfangen.“* Zu dieser Bibelstelle später mehr.

Da der Rest der Bibel somit wenig für die Erbsündenlehre hergibt, war es auch innerhalb der Kirche lange umstritten, ob Paulus' Position richtig ist. Besonders die Anhänger des Mönchs Pelagius (ca. 350–420), die Pelagianer, lehrten, dass die Sünde Adams keineswegs durch Vererbung auf seine Nachkommen übergeht, sondern durch Nachahmung, also einen eigenen, persönlichen Akt. Augustinus (354–430) vertrat die Gegenposition und entwickelte die von Paulus begründete Lehre weiter. Sie wurde von der Kirche schließlich auf den Synoden von Mileve (416), Karthago (418), Orange (529) und Trient (1546) als verbindliche Lehrmeinung festgelegt. Gegenteilige Auffassungen, so auch die des Pelagius, wurden zur Ketzerei erklärt.[48]

Es ist eindeutig, dass Paulus zum Zeitpunkt seines Briefes an die Römer die Schöpfungsgeschichte und die Schilderung des Sündenfalls in 1. Mose wortwörtlich für wahr hielt. Nur vor diesem Hintergrund konnte er zu seinen Aussagen in Röm. 5,12–21 kommen. Wir wissen inzwischen, dass die Menschheit nicht von Adam und Eva abstammt und der biblische Schöpfungsbericht nur symbolisch zu verstehen ist. Die Basis, aus der Paulus die Lehre abgeleitet hat, ist deshalb erwiesenermaßen falsch. Die Evolutionstheorie hat der Lehre von der Erbsünde die Grundlage entzogen.

Das entscheidende theologische Argument gegen die Erbsünde ist jedoch ein anderes: Die Lehre steht im Gegensatz zu den durch die Bibel verbrieften Eigenschaften Gottes. Gott ist ein gerechter und **liebender** Gott. Zu diesen Eigenschaften passt es nicht, eine Sippenhaft zu begründen. Gottes Liebe und die Erbsünde sind nicht kompatibel. Es ist erstaunlich, dass dieser Widerspruch Paulus nicht selbst aufgefallen ist. Denn gerade er war auch ein großer Verfechter der Liebe Gottes. Wunderbar seine entsprechende Darstellung in 1. Kor. 13,4 ff. Möglicherweise hat er diesen Widerspruch jedoch bewusst ausgeblendet, weil er die Erbsünde unbedingt als Begründung für seine Sühnetheologie benötigte (siehe unten). Denn ohne Erbsünde macht diese Theologie wenig Sinn.

Da Paulus' Erbsündenlehre somit sowohl den Erkenntnissen der Naturwissenschaften (Evolutionstheorie) als auch Gottes Liebe widerspricht, ist sie als irrige Einzelmeinung von Paulus abzulehnen und zu verwerfen.

Obwohl es somit keine Erbsünde gibt, komme ich nach dem von mir in diesem Buch vorgestellten System scheinbar zu dem gleichen Ergebnis wie die Kirche, nämlich dass jeder Mensch bereits als „Sünder" geboren wird. Also doch eine bei Geburt ererbte Sünde? Wie passt das zusammen? Ein Schuh wird deshalb daraus, weil mein Ergebnis völlig anders begründet ist und nicht das Geringste mit der Erbsünde zu tun hat. Die Lehre der Erbsünde besagt im Kern, dass jeder Mensch bereits als Sünder in das Erdenleben hineingeboren wird, weil die „Ursünde" ohne eigenes Tun auf ihn vererbt wird. Er persönlich hat sie nicht begangen. Der Aussage, dass jeder Mensch als Sünder in das Erdenleben hineingeboren wird, stimme ich zu. Der Grund dafür ist jedoch ein völlig anderer. Unser Aufenthalt auf der Erde ist die Folge eines persönlich von uns begangenen Vergehens, einer „Sünde", im Jenseits. Wir werden deshalb als „Straftäter", als Sünder geboren. Nicht, weil die Sünde auf uns vererbt wurde, sondern weil wir sie selbst im Jenseits begangen haben. Wegen dieses persönlichen Vergehens werden wir aus dem Jenseits, dem „Paradies", vertrieben, sind wir zum „Stubenarrest" auf der Erde und werden schon „als Sünder" geboren. Die in der Bibel dargestellte Vertreibung von Adam und Eva aus dem (immateriellen) Paradies erleidet somit jede auf die Erde verbannte Seele individuell aufgrund eines eigenen

Vergehens. Zu meiner Theorie passt durchaus auch die von der Kirche für ihre Position reklamierte Bibelstelle in Ps. 51,7: *„Siehe, ich bin als Sünder geboren, und meine Mutter hat mich in Sünden empfangen."* Es kommt eben auf den Blickwinkel an, aus dem man eine Bibelstelle interpretiert. Die von der Kirche vertretene Position ist somit nur „äußerlich" mit der meinigen identisch. Meine Position ist jedoch völlig anders begründet und die Konsequenzen sind deshalb auch völlig unterschiedlich.

c.   Die Sühnetheologie. Ist sie haltbar?

Nach der traditionellen Lehre der Kirche ist das Erscheinen Jesu Christi ein Akt der Liebe und der Gnade Gottes, den die Menschen eigentlich wegen ihrer Verdorben- und Sündhaftigkeit nicht verdient haben. Schon wegen der Erbsünde sind die Menschen rettungslos verloren. Jesus versöhnt Gott durch seinen freiwilligen Opferkreuzestod mit den Menschen. Er befreit sie aus ihrer Sündhaftigkeit, weil er die Sünden der Menschen an deren Stelle auf sich nimmt.[49]

Auch diese so genannte „Sühnetheologie" geht exklusiv auf Paulus zurück. Die wichtigste „Beweisstelle" findet sich in Paulus' Brief an die Römer: Röm. 3,24 und 25: *„... durch die Erlösung, die durch Christus Jesus geschehen ist. Den hat Gott für den Glauben hingestellt in seinem Blut als Sühneopfer, damit Gott erweise seine Gerechtigkeit."* Weitere Stellen in Paulusbriefen sind z. B. 2. Kor. 5,19: *„Denn Gott versöhnte in Christus die Welt mit ihm selber und rechnete ihnen ihre Sünden nicht zu und hat unter uns aufgerichtet das Wort von der Versöhnung."* Kol. 1,20: *„... und alles durch ihn* (Jesus) *versöhnt würde mit Gott, ... dadurch dass er Frieden machte durch das Blut an seinem Kreuz."* Hebr. 9,12: *„Er ist ... durch sein eigen Blut ein für allemal in das Heilige eingegangen und hat eine ewige Erlösung erworben."*

In den Texten der Evangelien finden sich dagegen kaum Stellen, mit denen die Sühnetheologie begründet werden könnte. So sagt Johannes der

Täufer, Joh. 1,29: *„Siehe, das ist Gottes Lamm, welches der Welt Sünde trägt!"* An anderen Stellen in den Evangelien wird gesagt, Jesus werde die Menschen „retten" bzw. „erlösen". Auf welche Art und Weise, bleibt offen. Mt. 1,21: *„… denn er wird sein Volk retten von ihren Sünden."* Jesus selbst nennt als Grund für sein Kommen, Lk. 19,10: *„Denn des Menschen Sohn ist gekommen, zu suchen und selig zu machen, was verloren ist."* Mt. 9,13: *„… Ich bin gekommen, die Sünder zu rufen und nicht die Gerechten."* Joh. 3,17: *„Denn Gott hat seinen Sohn nicht gesandt in die Welt, dass er die Welt richte, sondern dass die Welt durch ihn gerettet werde."* Der sich daran anschließende Satz deutet an, dass es nicht auf ein Blutopfer am Kreuz ankommt, sondern dass die „Rettung" auch so aussehen könnte, dass man Jesu Lehre und Handeln als Vorbild nimmt und an ihn „glaubt": *„Wer an ihn glaubt, der wird nicht gerichtet; wer aber nicht glaubt, der ist schon gerichtet, denn er glaubt nicht an den Namen des eingeborenen Sohnes Gottes."* Ob Jesu Worte beim Abendmahl auf einen Sühnetod hinweisen, ist fraglich. Die zusammenfassende Gesamtschau der Schilderungen des Mahls in den vier Evangelien legt eher nahe, dass dem nicht so ist. Bei Markus und Lukas spricht Jesus lediglich davon, sein Blut werde **für uns vergossen**, Mk. 14,24, Lk. 22,20. Der Zusatz „zur Vergebung der Sünden" erscheint nur bei Matthäus, Mt. 26,27. Bei Johannes wird das Abendmahl dagegen völlig anders dargestellt. Dort ist der zentrale Vorgang, dass Jesus seinen Jüngern die Füße wäscht. Die Einsetzungsworte „für uns vergossen …" zu Brot und Wein fehlen völlig, Joh. 13.

Die Analyse der Evangelien ergibt somit, dass dort nur spärliche Hinweise auf ein Sühneopfer Jesu zu finden sind. Eine explizite Sühnetheologie wird in den Evangelien eindeutig **nicht** überliefert. Insbesondere hat sich Jesus selbst nicht in diese Richtung geäußert. Es handelt sich somit um eine von Paulus außerhalb der Botschaften Jesu **zusätzlich, von ihm entwickelte Lehre**. Wie kam Paulus zu dieser Lehre und weshalb war er selbst bei den Jüngern damit so erfolgreich? Der Schlüssel für die Antwort liegt in der Erwartungshaltung der Juden gegenüber dem erwarteten „Messias".

Von ihm wurde erwartet, dass er das Reich Davids wieder aufrichte und insbesondere die verhassten Römer vertreibe, vgl. z. B. Mt. 22,41–45. Erwartet wurde also ein mächtiger (weltlicher) Messias, der mit den üblichen (militärischen) Mitteln alles regelt. Das war auch die Erwartung der Jünger, vgl. z. B. Joh. 1,41–45, die sie sogar noch nach Jesu Tod hatten, vgl. Apg. 1,6. Jesu Auftreten und seine Botschaft waren mit dieser Erwartung nicht deckungsgleich. Ganz im Gegenteil. Keine Spur von der Vertreibung der Römer oder der Errichtung eines neuen mächtigen jüdischen Königreichs. Statt dessen: *„Gebet dem Kaiser, was des Kaisers ist, und Gott, was Gottes ist"*, Mk. 12,17, oder: *„Und wer dich schlägt auf eine Backe, dem biete die andere auch dar"*, Lk. 6,29. Bis zuletzt haben die Jünger diesen Widerspruch nicht wirklich verstanden. Möglicherweise hat Judas Jesus nur deshalb verraten, weil er Jesus auf diesem Weg zwingen wollte, endlich seine Macht zu zeigen und sich der Verhaftung zu entziehen. Bekanntermaßen führte auch das nicht zu dem von Judas erwarteten Ergebnis. Es passte einfach nicht in die Vorstellungswelt der Jünger, dass Gottes Sohn, der Messias, hilf- und wehrlos am Kreuz starb. Und dass Jesus Gottes Sohn war, davon waren die Jünger fest überzeugt. Die Jünger hatten somit einen Erklärungsnotstand. Sie mussten für sich selbst und für die Erfüllung des Missionsbefehls eine einleuchtende, griffige Erklärung für Jesu schmachvollen Tod finden. Auferstehung schön und gut. Aber wem nutzte das letztendlich irgendetwas, außer Jesus selbst? Die Auferstehung änderte nichts an der tristen irdischen Lage unter römischer Besatzung. Was konnte der Ausweg aus diesem Dilemma sein?

An dieser Stelle ist die historisch-kritische Exegese hilfreich. Die Evangelien nennen keinen eindeutigen Grund für das Erscheinen Jesu. Es kann deshalb erforscht werden, ob es vor 2000 Jahren kulturelle Hintergründe, gesellschaftliche Strömungen, Überzeugungen gab, die zu einer Lösung des Problems beitragen konnten. Wie war das „Umfeld" zur damaligen Zeit? Gab es Vorstellungen, die man zur Deutung von Jesu Tod verwenden konnte? Nach den Ergebnissen der historisch-kritischen Exegese kann kein Zweifel daran bestehen, dass Paulus als griechisch gebildeter Jude sowohl vom hellenistischen als auch vom jüdischen Gottesverständnis stark beeinflusst war. In beiden Kulturkreisen wurde ein Opferkult gepflegt. Gott musste durch die Opferung eines Tiers besänftigt, versöhnt werden. Das Tier trat an die Stelle des sündigen Menschen, der durch das Opfer reingewaschen wurde. Das Tier übernahm als „Sündenbock", an des Menschen statt, dessen Sünden. Bis heute hat sich der Begriff „Sündenbock" in unserem Sprachgebrauch gehalten. Dieses Opferritual ließ sich nun ganz einfach auf Jesus übertragen. Es war für die Apostel ein idealer Weg, seinen Tod den damaligen Zeitgenossen verständlich zu erklären. Und auch für sie selbst war es der Weg, sich aus dem Dilemma, in das sie Jesu Tod gestürzt hatte, zu befreien. Prof. Dr. theol. Klaus-Peter Jörns zeigt diese Zusammenhänge überzeugend auf.[50] Er fasst es so zusammen: *„Die Lösung war, den als Verbrecher getöteten Jesus als Gottessohn zu verkünden und gleichzeitig seine scheinbare Niederlage als Teil des Heilshandelns Gottes darzustellen."*[51] Jesus hatte sich demnach als Opferlamm für die Sünden der Menschen hinrichten lassen, um Gott zu versöhnen und die gesamte Menschheit von ihren Sünden zu befreien. Genau das verkündet Paulus in seinen Briefen und die Kirche hat diese Sichtweise nahtlos übernommen. Joseph Ratzinger fasst in seinem Werk „Jesus von Nazareth" die von alters her genannten Gründe noch einmal zusammen und bestätigt, dass die Sühnetheologie weiterhin die aktuelle Lehre der Kirche ist. Insbesondere folgt er Paulus' Interpretation, dass Jesus durch seinen Kreuzestod die traditionellen israelischen Tieropfer, mit denen man Sündenvergebung anstrebte, ersetzt hat, somit die Sünden der Menschheit in seiner Person auf sich genommen hat.[52]

Ist die Sühnetheologie eine glaubwürdige Erklärung für das Auftreten Jesu Christi?

Bei genauer Betrachtung hält diese Theologie unserem in der Bibel verbrieften Entscheidungsmaßstab „Gottes Liebe" nicht stand. Zunächst straft Gott die Menschen mit der Erbsünde. Der Mensch ist deshalb von vornherein chancenlos, denn er ist, egal wie er sich verhält, ein verlorener Sünder. Dann wird der Mensch von Gott auch noch in ein irdisches Umfeld versetzt, das es ihm praktisch unmöglich macht, sich gottgefällig zu verhalten. Gewiss, theoretisch ist das möglich. Aber die Zahl der Menschen, die das schaffen, ist überschaubar. In der Realität kann man sich wenden, wie man will, man wird weitere „Sünden" auf sich laden. Doch selbst wenn es gelänge, sich „sündenfrei" zu verhalten, ist man dennoch verraten und verkauft, denn in jedem Fall ist man durch die Erbsünde belastet. Dieser Gott gibt mir also keine Chance, mich aus eigener Kraft gottgefällig zu verhalten, mich aus eigener Kraft mit ihm zu versöhnen. Gott sieht mir sozusagen von oben herab zu, wie ich mich mühe, ohne jemals eine Chance zu haben, zum Erfolg zu kommen. Die ganze Geschichte erinnert ein wenig an Sisyphus aus der griechischen Mythologie, der von den Göttern dazu verurteilt wurde, einen Felsbrocken auf einen Berggipfel zu rollen. Kurz vor Erreichen des Gipfels rollt der Felsen jedoch jedes Mal – auf ewig – wieder zurück. Was ist das dann für ein Gott, der mir keine Chance gibt? Ein liebender, gnädiger, barmherziger Gott?

Jesus unter diesen Umständen als einen Gnadenakt eines liebenden Gottes, als „Erlöser" oder „Retter" anzusehen, ist eine groteske Vorstellung. Gnade kann nur dem zuteil werden, der selbst für seine Taten verantwortlich ist. Das ist der einzelne Mensch nach der christlichen Lehre aber nur bedingt. Erstens kann er nichts für die (angebliche) Erbsünde. Er persönlich hat diese nicht begangen. Zweitens hat er zwar während seines irdischen Lebens grundsätzlich den freien Willen, sich für oder gegen Sünden zu entscheiden. In Wirklichkeit sind die tatsächlichen Lebensumstände auf der Erde allerdings so, dass es kaum einem Menschen gelingen kann, sündenfrei zu leben, egal wie sehr er sich anstrengt. Ganz zu schweigen von der Masse der Menschen, die täglich um das nackte Überleben kämpfen und anderes zu tun haben, als über eine gottgefällige Lebensführung nachzudenken. Gottes „Gnadenakt" stellt sich bei der kirchlichen Sichtweise deshalb als zynisch dar, weil die Voraussetzung für einen Gnadenakt, die Eigenverantwortlichkeit des Begnadigten, nicht gegeben ist.

Dass Gottes Liebes- und Gnadenakt dann auch noch in einem „Blutopfer" seines eigenen Sohnes besteht, durch das er, Gott, versöhnt und
besänftigt werden soll, verstärkt nur noch das bizarre Gottesbild. Welches
Elternpaar würde als Voraussetzung für eine Versöhnung mit seinem
Kind ein solch brutales Opfer verlangen? Wo ist die Liebe? Warum erfolgt
der Gnadenakt nicht durch einfaches Vergeben der Sünden, warum ist
dazu ein grausames, blutiges Ritual erforderlich? Von einem liebenden,
gnädigen, barmherzigen Gott findet sich erneut keine Spur. Gegen diesen Vorwurf, Gott sei grausam, führt die Kirche an, das sei die falsche
Perspektive. Gerade umgekehrt werde ein Schuh daraus. Gott verlange
doch nicht von den Menschen etwas, sondern er selbst setze sich dem
Leid und der Qual aus. Joseph Ratzinger formuliert es so: *„Gott selbst
‚trinkt den Kelch' alles Schrecklichen aus und stellt so das Recht wieder
her durch die Größe seiner Liebe, die im Leid das Dunkle verwandelt."*[53]
Besser und verständlicher wird die Sache dadurch jedoch keineswegs. Es
bleibt ein bizarres Gottesbild. Denn wenn Gott wirklich allmächtig und
liebend ist, gibt es ganz offensichtlich bessere Lösungen, als sich selbst zu
quälen. Gegen derartige Überlegungen wendet Ratzinger wiederum ein,
letztendlich sei es Gottes Geheimnis, weshalb er diesen Weg gewählt hat,
und der Mensch habe das zu akzeptieren. *„Das Geheimnis der Sühne darf
keinem besserwisserischen Rationalismus geopfert werden."*[54] Mit anderen
Worten, das Nachdenken über verständlichere, dem Gottesbild der Bibel
eher entsprechende Lösungen ist verboten. Wieder einmal besteht die
Kirche auf ihrem Unfehlbarkeitsanspruch. Dass sie damit schon häufiger
völlig danebenlag, hat die Geschichte bewiesen. Für den aufgeklärten,
kritischen Zeitgenossen ist das natürlich eine inakzeptable Position. Kein
Grund jedenfalls, nicht trotzdem über „bessere" Lösungen nachzudenken.

Die Sühnetheologie hält einer kritischen Überprüfung, bei der als Maß-
stab Gottes Liebe angelegt wird, nicht stand. Sie ignoriert die eigentliche
Botschaft Jesu: Gott liebt die Menschen bedingungslos. Er liebt seine
Schöpfung ohne Vorleistungen. Es ist ja geradezu absurd anzunehmen,
Gott liebe die Menschen nur dann, wenn sie vorher Opferleistungen

erbringen würden. Schon aufrichtige menschliche Liebe ist bedingungslos. Eltern lieben ihre Kinder ohne Vorbedingungen, und wenn die Kinder etwas „verbrochen" haben, verzeihen die Eltern, ohne Opfer zu verlangen. Auch Paare verlieben sich ohne Vorbedingungen. Oder wie würden Sie es auffassen, wenn Ihr Partner Ihnen ernsthaft mitteilte, dass er/sie Sie nur dann liebe, wenn Sie bestimmte Bedingungen erfüllten? Erst recht ist deshalb Gottes Liebe unbedingt. Jesus stellt das z. B. sehr anschaulich im Gleichnis vom verlorenen Sohn dar, Lk. 15,11 ff. Der Vater nimmt seinen sündigen Sohn ohne jegliche Vorbedingungen wieder in seinem Haus auf. Der Prophet Hosea zeigt auf, dass Gott keine Opfer will: *„Denn ich habe Lust an der Liebe und nicht am Opfer, an der Erkenntnis Gottes und nicht am Brandopfer"* (Hos. 6,6). Jesus selbst bestätigt, dass Gott ein Gott der Liebe ist und keine Opfer will: *„Ich habe Wohlgefallen an Barmherzigkeit und nicht am Opfer"* (Mt. 9,13 und Mt. 12,7). Die Sühnetheologie verkehrt die bedingungslose Liebe Gottes dagegen in eine bedingte Liebe um. Klaus-Peter Jörns drückt es so aus: *„Indem sie (die Kirche) behauptet hat, Sünde müsse durch Blutvergießen gesühnt werden und der unschuldige Tod Jesu sei diese Sühne gewesen, hat sie die Liebe Gottes wieder zu etwas Bedingtem gemacht und die Liebespredigt Jesu durch eine Gnadentheologie ersetzt. Alles hängt nun wieder von dem als Opfer- oder Märtyrertod verstandenen Tod Jesu ab, als hätte es die Revolution des lebenden Jesus nicht gegeben. Dadurch hat sie Jesu Botschaft von der unbedingten Liebe Gottes auf den Kopf gestellt.*[51] Auch der katholische Priester, Fundamentaltheologe und Religionsphilosoph Eugen Biser zeigt in seinen zahlreichen Schriften Jesu Kernbotschaft von Gottes unbedingter Liebe eindrucksvoll auf und führt die Sühnetheologie ad absurdum.[55]

Konsequenterweise rücken deshalb immer mehr Theologen von der Sühnetheologie ab. Lediglich beispielhaft seien genannt: Hans Küng, Eugen Biser, Anselm Grün, Claus Petersens, Klaus-Peter Jörns oder Eugen Drewermann.

Ich halte fest: Die Vorstellung, Jesus sei deshalb auf die Erde gekommen, um die Sünden der Menschen, insbesondere die Erbsünde, durch seinen blutigen Kreuzestod auf sich zu nehmen und dadurch die bis dahin rettungslos verlorenen Menschen zu „erlösen", hält dem in der Bibel verbürgten Prüfstein, „Gottes unbedingte Liebe", nicht stand. Die Lehre ist somit nicht schlüssig und steht im Widerspruch zu der Gesamtbotschaft der Bibel, die einen allmächtigen, liebenden Gott verbürgt. Die Sühnetheologie ist zudem in der Bibel außerhalb der Paulusbriefe nicht nachweisbar.

Zwangsläufig stellt sich nun die Frage, ob es zur Sühnetheologie eine Alternative gibt, die das Erscheinen von Jesus Christus auf der Grundlage der biblischen Aussagen nachvollziehbar erklärt. Bei den Theologen, die die Sühnetheologie ablehnen, findet sich bisher leider keine schlüssige Alternative. Zumeist wird argumentiert, Jesus sei zur Versöhnung der Menschen mit Gott erschienen (und nicht, wie bei der Sühnetheologie, umgekehrt zur Versöhnung Gottes mit den Menschen), so z. B. Biser und Jörns. Offen gesagt, mir persönlich ist das nicht plausibel. Wieso kann der liebende Gott nicht ganz einfach „vergeben", so wie liebende Eltern ihren Kindern Verfehlungen vergeben? Wieso muss dazu Jesus erscheinen und noch dazu so viel Leid ertragen? Völlig unverständlich wird mir Jesu Rolle, wenn er, wie z. B. bei Küng, erst gar nicht durch Gottes Wirken geboren wurde, er also nicht im physischen Sinne Gottes Sohn war und somit auch nicht „auf Gottes Wunsch und Willen hin" auf Erden war. Zwar hat Gott ihn laut Küng dann **nach seinem Tod** durch die Auferstehung zu Gott gleich „erhöht". Dann war Jesu Erscheinen auf Erden konsequenterweise aber lediglich ein zufälliges, nicht von Gott geplantes Ereignis. Gott hat Jesu gottgerechtes Leben nur **nachträglich** durch die Auferstehung honoriert.

In dem von mir in diesem Buch vorgestellten System lässt sich dagegen eine schlüssige Antwort für das Erscheinen Jesu geben. Wir hatten gesehen, dass der Mensch wegen eines Vergehens im Jenseits vorübergehend zum „Stubenarrest" auf der Erde ist. Während dieser Zeit ist die Verbindung zum Jenseits weitestgehend unterbrochen. Wir sind von Gott und dem Wissen um das Paradies, insbesondere dass wir ewig leben, abgeschnitten. Wir sind voller Zweifel und Angst, was uns nach unserem irdischen Tod erwartet. Gott kennt natürlich unsere Nöte und Zweifel, so wie Eltern die Nöte ihrer Kinder kennen, denen sie für einen Tag Stubenarrest auferlegt haben. In dieser Situation hat sich Gott aus Liebe und Barmherzigkeit zu seiner Schöpfung, zu den Menschen, entschlossen, den Menschen ein Zeichen zu senden. Er zeigt Solidarität, Mitgefühl mit uns, indem er sich selbst einem „Stubenarrest" unterwirft, uns beim Stubenarrest begleitet. „Hier bin ich, ich bin bei euch, ich leide mit euch, ich verstehe eure Nöte und ich zeige euch, dass es nach dem Tod weitergeht. Ich durchleide selbst eure irdischen Qualen und Ängste, erlebe Todesangst und Gottverlassenheit, bis hin zu meiner Kreuzigung. Gleichzeitig führe ich euch durch meine Auferstehung von den Toten vor Augen, dass ihr wieder in die Ewigkeit, zu mir, zurückkehren werdet. Und ich zeige euch durch mein Beispiel und durch meine Lehren, zusammengefasst in der Bergpredigt, Mt. 5–7, Lk. 6,17–49, wie ihr euer Leben hier auf der Erde, während eures Stubenarrests, führen sollt." Dass Jesu Botschaft eindeutig die ist, dass man gottgefällig leben soll, und er erläutert, was das bedeutet, ergibt sich zweifelsfrei aus dem bereits zitierten Missionsbefehl bei Mt. 28,16–20. Aus dieser Perspektive erscheint das Auftreten Jesu jetzt tatsächlich als ein Akt der Liebe und Barmherzigkeit Gottes, der seinen Geschöpfen den Stubenarrest, das Leben in der materiellen Welt, dadurch erleichtern möchte, dass er selbst, höchstpersönlich, an diesem Stubenarrest teilnimmt. Jesus rückt in die Position eines Mit-Menschen, eines Begleiters auf unserem Weg durch das irdische Leben.

Damit dieser Akt glaubwürdig und authentisch ist, bedarf es zweierlei: Jesus muss wirklich Gott sein, damit Gott selbst die Niederungen des irdischen Lebens erfährt. Gleichzeitig muss er wirklich Mensch sein, damit er die irdischen Qualen, insbesondere die körperlichen Schmerzen und die Gottverlassenheit, direkt verspüren kann. Nur wenn beides erfüllt ist, kann sich der Liebesakt Gottes voll entfalten und ist glaubwürdig. Wäre Jesus nicht Gott, sondern nur, wie z. B. Küng und andere „moderne"

Theologen meinen, ein Gesandter Gottes[56], würde das ganze Konstrukt in sich zusammenfallen. Gott hätte nicht selbst die irdischen Qualen durchlitten. Jesus stünde „nur" auf einer Stufe z. B. mit Märtyrern, die ebenfalls unvorstellbare Qualen durchlitten haben, oder mit Persönlichkeiten wie Mutter Theresa, Albert Schweitzer, Mahatma Gandhi, ebenfalls herausragende Persönlichkeiten der Weltgeschichte, die relativ „gottgefällig" gelebt haben. Eine **nachträgliche** „Erhöhung", „Ernennung" des Menschen Jesus zu Gott wäre nicht ausreichend. Denn dann wäre er eben während seines „Stubenarrests" (noch) nicht Gott gewesen. Wäre er dagegen „nur Gott", wäre an seiner Mission nichts Besonderes, da er alles über das Jenseits wüsste und deshalb die menschliche Erfahrung der Gottverlassenheit nicht authentisch kennenlernen und (er)leben könnte.

Deshalb ist es essentiell, dass Jesus in seiner Person beide Aspekte vereint. Nach der Bibel wird das durch die Jungfrauengeburt möglich, die ich im übernächsten Kapitel (F 3) ausführlich beleuchten werde. Maria verleiht Jesus seinen „menschlichen", Gott seinen „göttlichen" Teil. Der göttliche Anteil ermöglicht Jesus im Vergleich mit einem „normalen" Menschen eine erweiterte Einsicht in die Gegebenheiten des Jenseits. Diese Einsicht ist allerdings immer noch so weit eingeschränkt, dass Jesus sich nicht völlig sicher sein kann, dass es Gott, das Jenseits und das ewige Leben tatsächlich gibt. Andernfalls könnte er nicht glaubhaft am irdischen Schicksal der Menschen teilhaben. Gleichzeitig hat er, im Vergleich zu einem „normalen" Menschen, eine erweiterte Einsicht in die jenseitige Welt. Diese Vermischung der menschlichen und der göttlichen Natur Jesu erklärt, weshalb in seinen Reden sowohl transzendente als auch irdische, diesseitige Wahrheiten nebeneinanderstehen.

Jesus ist somit aus folgenden Gründen auf Erden erschienen:

- Gott wollte aus Liebe und Barmherzigkeit den in der Finsternis auf der Erde lebenden Menschen ein Zeichen, ein Hoffnungslicht geben.
- Dazu wurde Gott selbst „Fleisch", verkörpert durch seinen Sohn Jesus

Christus. Gott begab sich selbst in die materielle Welt und setzte sich allen ihren Widrigkeiten aus.

- Damit dies glaubhaft und authentisch ist, musste Jesus zugleich Gott und Mensch sein. Das ist durch die Jungfrauengeburt verbrieft.
- Jesus wollte den Menschen aufzeigen, dass sie auf Erden sind, weil sie persönlich Schuld auf sich geladen haben und nach ihrem irdischen Tod mit einer Beurteilung ihres irdischen Lebens zu rechnen haben.
- Er lebte den Menschen vor, wie sie sich gottgerecht, gottgefällig verhalten sollten, damit das „Urteil" über ihr irdisches Leben im Jenseits möglichst positiv ausfällt. Die wichtigsten Verhaltensregeln sind in der Bergpredigt prägnant zusammengefasst, Mt. 5–7, Lk. 6,17–49.
- Dadurch, dass er irdisches Leid und Martyrium auf sich nahm, nimmt Gott unmittelbar selbst an dem Leid der Menschen teil, indem er es selbst durchleidet.
- Jesus bietet allen, die an ihn glauben und seinen Taten folgen, an, in dem Beurteilungsverfahren nach unserem Tod als unser Verteidiger aufzutreten.
- Er demonstrierte durch seine Auferstehung, dass mit dem irdischen Tod keineswegs alles zu Ende ist.

Ist diese Interpretation tatsächlich durch die Aussagen der Bibel gedeckt? Zur Prüfung dieser Frage müssen naturgemäß die Paulusbriefe außen vor bleiben, denn durch sie wurde ja gerade die abzulehnende Sühnetheologie erst begründet. Die Kirche hat Bibelstellen außerhalb der Paulusbriefe ausschließlich unter dem Blickwinkel der Sühnetheologie ausgelegt. Betrachtet man diese Stellen jedoch aus einer anderen Perspektive, z. B. aus der von mir dargestellten, ergeben sich völlig andere Aussagen, und zwar ohne dass man eine krampfhafte Gedankenakrobatik vollführen müsste. Ganz im Gegenteil fragt man sich, wie man überhaupt auf die Idee kommen konnte, die Sühnetheologie auf diese Bibelstellen zu stützen. Als Beispiel nenne ich den von Ratzinger zur Begründung der Sühnetheologie herangezogenen Ps. 40,7–9.[57] Dieser lautet: *Schlachtopfer und Speiseopfer gefallen dir nicht, aber die Ohren hast du mir aufgetan. Du willst weder Brandopfer noch*

Sündopfer. Da sprach ich: Siehe, ich komme; im Buch ist von mir geschrieben: Deinen Willen, mein Gott, tue ich gern, und dein Gesetz hab ich in meinem Herzen." Im Gegensatz zu Ratzinger kann ich daraus beim besten Willen nicht herauslesen, dass Jesus auf die Welt kam, um durch seinen Kreuzestod die Sünden der Menschen auf sich zu laden. Im Gegenteil: Es heißt doch gerade: *„Du* (Gott) *willst weder Brandopfer* **noch Sündopfer.**" Ratzinger kommt offensichtlich nur deshalb auf die Idee mit der Sühnetheologie, weil er den Psalm mit Paulus' Brief an die Hebräer verbindet. Denn in diesem Brief zitiert Paulus den Psalm 40. Hebr. 10,4–10 lautet nämlich: *„Denn es ist unmöglich, durch Blut von Ochsen und Böcken Sünden wegzunehmen ... Opfer und Gaben hast du nicht gewollt; einen Leib aber hast du mir bereitet. Brandopfer und Sündopfer gefallen dir nicht ... Siehe, ich komme ... dass ich tue, Gott, deinen Willen ... In diesem Willen sind wir geheiligt ein für allemal durch das Opfer des Leibes Jesu Christi.*" Nur wenn man, wie Ratzinger und die Kirche, Paulus und seine Aussagen im Hebräerbrief für unantastbar hält, kommt man dazu, Ps. 40,7–9 im Sinne der Sühnetheologie auszulegen. Legt man dagegen die Sühnetheologie beiseite und liest den Psalm unbefangen, muss man doch ernsthaft fragen: Wo um alles in der Welt steht dort etwas davon, dass Jesus die Sünden der Welt auf sich nehmen musste? Viel eher lese ich daraus ganz einfach, dass Gott Jesus mit einem Auftrag in die Welt geschickt hat *(aber die Ohren hast du mir aufgetan)* und dass Jesus gewillt ist, diesen Auftrag zu erfüllen *(Deinen Willen, mein Gott, tue ich gern).* Worin der Auftrag bestehen könnte, deuten die Worte an *(... und dein Gesetz hab ich im Herzen).* Offensichtlich soll Jesus in seinem irdischen Leben den Menschen ein Vorbild sein, gottgerecht, gottgefällig leben und dadurch den Menschen Gottes Gesetz, **nämlich das der Liebe**, vor Augen halten. Jedenfalls besteht der Auftrag ausdrücklich **nicht** in einem Sündopfer. Das Beispiel zeigt, dass man ohne die Scheuklappen der Sühnetheologie des Paulus bei der Auslegung von Bibelstellen ohne Weiteres zu völlig anderen Ergebnissen kommen kann.

Das gilt für weitere Bibelstellen, die zur Rechtfertigung der Sühnetheologie angeführt werden:

- Wie schon weiter oben angemerkt, kommen die zusätzlichen Einsetzungsworte „zur Vergebung der Sünden" beim Abendmahl nur im Matthäusevangelium vor. Es wird ignoriert, dass Jesus bei Markus und Lukas lediglich davon spricht, sein Blut werde für uns vergossen, und dass bei Johannes jeglicher Bezug auf ein „Blutopfer" fehlt. Bei Johannes fehlen die Einsetzungsworte völlig. Dort mahnt Jesus die Jünger, er habe ihnen ein Beispiel gegeben, wie man leben solle. Seine Mission bestand somit darin, den Menschen ein Vorbild zu sein, was ein gottgefälliges Leben bedeutet. Sein Blut wird „für uns vergossen", weil er freiwillig auf die Erde kam, um uns bei unserem „Stubenarrest" mit allen seinen Konsequenzen zu begleiten. Jesu Leben auf der Erde endet sogar damit, dass die Menschen ihn, Gott, hinrichten. Diese Mission unternimmt Jesus nach dem Willen Gottes, seines Vaters, der damit seine Liebe zu den Menschen nachweist.

- Kurz vor seiner Gefangennahme fragt Jesus bei Gott an, ob er ihm das bevorstehende Martyrium ersparen könne. *„Mein Vater, ist's möglich, so gehe dieser Kelch an mir vorüber; doch nicht, wie ich will, sondern wie du willst!"* Mt. 26,39–44, Mk. 14,36–41, Lk. 22,42–44. Die Sühnetheologie interpretiert den „Kelch" dahingehend, dass es Jesu Mission gewesen sei, sich zur Versöhnung Gottes mit den Menschen als Opferlamm töten zu lassen. Diese Interpretation ergibt sich jedoch nicht zwangsläufig. Wenn Jesus, wie von mir vertreten, deshalb auf die Welt kam, um mit uns unseren „Stubenarrest" zu durchleben, dann ist der „Kelch" ganz allgemein „das Leid", das Menschen hier auf Erden zu erdulden haben. Jesus fürchtet sich so wie jeder andere Mensch auch davor und möchte natürlich diesem Leid, so es denn irgendwie möglich ist, entrinnen. Wenn Gottes Liebesakt jedoch glaubhaft und erfolgreich sein soll, so muss auch Gott selbst, in Gestalt von Jesus, dieses Leid durchleben. In Jesu intensivem Bitten an Gott zeigt sich deshalb dreierlei: Erstens war Jesus wahrer Mensch, der den gleichen Ängsten unterworfen war wie jeder andere Mensch auch. Zweitens, Gottes konsequentes Festhalten an seinem Entschluss, mit den Menschen ihr Leiden selbst zu durchleben. Er konnte Jesu Bitte deshalb nicht erhören. Und drittens Jesu absoluter Gehorsam gegenüber seinem Vater.

Irgendwelche sühnetheologischen Interpretationen zum Verständnis dieser Bibelstellen sind somit weder erforderlich noch nachvollziehbar. Das von mir vorgestellte System führt dagegen zu anderen, sinnvollen, in sich schlüssigen und widerspruchsfreien Interpretationen dieser Bibelstellen. Das gilt, wie gezeigt, überraschenderweise sogar für solche Bibelstellen, die die Sühnetheologie angeblich stützen.

Ebenso ist es in der Bibel belegt, dass es nach unserem irdischen Tod ein „Beurteilungsverfahren" geben wird, bei dem Jesus gegenüber Gott unser Anwalt ist. Gleichzeitig ist Jesus dabei auch der Richter, denn Gott hat ihm das Gericht übertragen. Als Richter wird er jedoch „im Sinne Gottes" urteilen, wobei „Gottes Sinn" durch Jesu Vermittlerrolle (positiv) beeinflusst ist. Mt. 12,36: *„Ich sage euch aber, dass die Menschen müssen Rechenschaft geben am Tage des Gerichts ..."* Joh. 5,22: *„Denn der Vater richtet niemand; sondern alles Gericht hat er dem Sohn gegeben."* Joh. 5,27–30: *„... und (Gott) hat ihm (dem Sohn) Macht gegeben, das Gericht zu halten, weil er des Menschen Sohn ist ... ich kann nichts von mir selber tun. Wie ich höre, so richte ich, und mein Gericht ist recht; denn ich suche nicht meinen Willen, sondern den Willen des, der mich gesandt hat."*

Jesus wird somit als unser Anwalt unsere „Sache" bei dem Beurteilungsverfahren vertreten. Er ist sozusagen hier auf Erden während unseres „Stubenarrests" unser Bewährungshelfer. Und wer seinen Anweisungen, seiner Botschaft folgt, wird im Jenseits bei dem Beurteilungsgespräch in jedem Fall freigesprochen. Gelingt uns das Befolgen seiner Botschaft nicht so ganz, wird er unser Verteidiger sein. Falls dann trotzdem kein Freispruch erfolgt, wird das Urteil aber auf keinen Fall ewige Verdammnis sein.

Neben der Gottessohnschaft Jesu ist auch seine Auferstehung ein Eckpfeiler des christlichen Glaubens und essentiell für seine irdische Mission.

Ohne Auferstehung kein Christentum. Doch was bedeutet „Auferstehung"? Nach der klaren Aussage der Bibel ist Jesus sowohl körperlich als auch geistig auferstanden, diversen Personen körperlich erschienen, und schließlich wurde er mit seinem Körper und seinem Geist „in den Himmel" aufgenommen. „Moderne" Theologen versuchen, die Auferstehung dergestalt umzuinterpretieren, dass Jesus nur „geistig", aber nicht auch körperlich auferstanden sei.[58] Konsequenterweise müsste dann Jesu Grab entweder nicht leer gewesen sein oder der Leichnam Jesu wurde an einen anderen bis heute unbekannten Ort verbracht, wo er verwest und vermodert ist. Auch die körperliche „Himmelfahrt" Jesu ist dann nur ein Märchen. Natürlich werden diejenigen, die auch an der körperlichen Auferstehung Jesu festhalten, von diesen „modernen" Theologen im gleichen Atemzug wieder als naiv, unvernünftig, unaufgeklärt und unmodern herabgesetzt. Diese „geistig Armen" glauben doch tatsächlich noch an so komische Dinge wie die körperliche Auferstehung Jesu, Jungfrauengeburt oder Himmelfahrt.[59] Ist die Annahme auch der körperlichen Auferstehung Jesu wirklich so naiv und nur der Glaube an die alleinige „geistige" Auferstehung so intellektuell brillant und unanfechtbar?

Ich halte es ganz im Gegenteil für reichlich konstruiert zu glauben, die Jünger hätten die Auferstehung Jesu so vehement und voller Überzeugung verkünden können, dass daraus das Christentum entstanden ist, wenn Jesus ihnen nur „geistig", aber nicht auch körperlich als Auferstandener erschienen wäre.

Versetzen Sie sich in die Lage der Jünger. Ihr Meister war gerade als Schwerverbrecher hingerichtet worden. Zu seinen Anhängern zu gehören war gefährlich. Es drohte Gefängnis oder gar die Todesstrafe. Nicht umsonst hat Petrus deshalb dreimal seine Zugehörigkeit zu Jesu Anhängerschaft geleugnet, Mt. 26,69–75, Mk. 14,66–72, Lk. 22,54–62, Joh. 18,15–27. Was also hat diese völlig verängstigten und schockierten Menschen dazu gebracht, die Auferstehung Jesu ohne Rücksicht auf ihr eigenes Wohlergehen, mit dem Risiko der eigenen Hinrichtung, als wahrhaftig zu verkünden? Was hat sie so sicher gemacht, dass Jesus tatsächlich ins Leben zurückgekommen ist, dass er lebt?

Nehmen Sie an, Sie hätten einen guten Freund, der Ihnen offenbart, dass er bald sterben werde. Sie sollten das aber nicht so tragisch nehmen, denn schon drei Tage nach seinem Tod werde er von den Toten wiederaufstehen. Natürlich halten Sie das von der Auferstehung für „Geschwätz", denn so etwas hat es noch nie gegeben, gibt es nicht und wird es nicht geben. Einen Monat später stirbt Ihr Freund. Sie sind fix und fertig. Da erinnern Sie sich in Ihrem Kummer an seine Aussage wegen der Auferstehung. Es ist der dritte Tag nach seinem Tod. Eigentlich ohne Hoffnung, aber doch mit ein bisschen Neugier gehen Sie auf den Friedhof zur Trauerhalle, wo Ihr Freund aufgebahrt ist. Etwas scheu öffnen Sie die Eingangstür und Ihr erster Blick geht sofort zu dem aufgebahrten Leichnam. „Natürlich" liegt er noch dort. Sie lächeln ein wenig und schütteln über sich selbst den Kopf: Wie konnten Sie nur hoffen, dass „so etwas" tatsächlich geschehen würde? Auf dem Weg nach Hause „erscheint" Ihnen aber plötzlich Ihr verstorbener Freund. Sie sind erschrocken und verwundert zugleich. Die „Erscheinung" geht ein Stück des Weges mit Ihnen, spricht mit Ihnen, scherzt, er habe Ihnen doch gesagt, dass er nach drei Tagen zurück sein werde. „Greifen" können Sie die Erscheinung jedoch nicht, und dann ist sie auch schon wieder verschwunden. Völlig verunsichert bleiben Sie stehen. Was war das denn? Bin ich verrückt? Ist mein Freund jetzt doch wirklich auferstanden? In Windeseile rennen Sie zur Trauerhalle zurück. Ist der Leichnam noch da? Natürlich ist er noch da. Also doch nur eine „Einbildung". Am nächsten Tag wird Ihr Freund vor Ihren Augen in einen Sarg gelegt und begraben. Dennoch „erscheint" er Ihnen in den nächsten vier Wochen noch öfter und spricht mit Ihnen. Körperlich „greifen" können Sie die „Erscheinung" allerdings nie. Nach vier Wochen hören die Erscheinungen auf. Glauben Sie jetzt, dass Ihr Freund wirklich auferstanden ist? Oder denken Sie nicht vielmehr, dass Ihnen Ihre Phantasie einen Streich gespielt hat, dass das alles eine Wunschprojektion war? Könnten Sie dann mit diesen Selbstzweifeln und Ihrer eigenen Unsicherheit glaubhaft, voller

Überzeugung, gegenüber Ihren Mitmenschen behaupten, Ihr Freund sei auferstanden und lebe noch? Würden Sie es tun, wenn davon auch noch Ihr Leben abhängt? Ich halte es für so gut wie sicher, dass Sie es bleiben lassen würden, und wenn sie es denn täten, nicht diese Überzeugungskraft hätten, die die Jünger offensichtlich hatten.

Damit die Auferstehung Jesu für die Jünger wirklich glaubhaft und überzeugend war, ist es deshalb essentiell, dass Jesus tatsächlich auch körperlich auferstanden ist. Und irgendwo musste sein Körper dann am Ende auch bleiben. Deshalb ist auch die körperliche Himmelfahrt Jesu glaubhaft.

Der biblische Befund deckt sich mit diesen Annahmen und ist eindeutig: Jesus ist auch körperlich auferstanden. Das Grab war leer, Mt. 28, Mk. 16, Lk. 24, Joh. 20. Er ist auch diversen Personen körperlich erschienen und hat „körperliche Aktivitäten", wie z. B. Essen und Trinken, vorgenommen, vgl. z. B. Lk. 24,36 ff. Am deutlichsten wird die Tatsache der körperlichen Anwesenheit in der Schilderung vom ungläubigen Thomas dokumentiert. Thomas kann und will an die Auferstehung nur dann glauben, wenn er Jesu Wundmale körperlich gesehen und berührt hat. Jesus erscheint und gestattet ihm genau das. *„Spricht Jesus zu ihm: Weil du mich gesehen hast, Thomas, so glaubst du. Selig sind, die nicht sehen und doch glauben."* Joh. 20,24–29. Und schließlich wird Jesus auch vor den Augen der Jünger körperlich in den Himmel aufgenommen, Lk. 24,51, Mk. 16,19, Apg. 1,9–11. Sind das alles von Spinnern erfundene Märchen und Legenden? Hätte sich das Christentum auch dann entwickelt, wenn Jesus den Jüngern und anderen Personen nur als geistiges Phänomen, als „Geist", erschienen wäre? Ich halte das für äußerst unwahrscheinlich.

Gleichzeitig ist den „modernen" Theologen insofern zuzustimmen, dass unsere eigene „Auferstehung", genauso wie die aller anderen Menschen, rein geistiger Natur ist. Wir hatten schon gesehen, dass sich im Moment unseres Todes unsere Seele vom Körper löst und wieder ins immaterielle

Jenseits zurückkehrt. Unser Körper bleibt in der materiellen Welt zurück und zerfällt zu Staub. Nur einmal, im Fall von Jesus, wurde auch sein Körper wiederbelebt und blieb noch bis zu seiner Himmelfahrt hier auf der Erde. Der Grund dafür war, wie dargestellt, die Notwendigkeit, die Jünger von der Auferstehung Jesu absolut zu überzeugen. Nach seiner Himmelfahrt hatte auch im Fall Jesu dessen Körper seine Schuldigkeit getan und wurde von Gott, auf welche Art und Weise auch immer, „aufgelöst". Jesus lebt „geistig" weiter und auch wir werden im Jenseits ausschließlich geistig, ohne materiellen Körper, weiterexistieren.

F 2   Können Gebete etwas bewirken und gibt es Wunder?

Wir hatten uns schon bei der Diskussion über Gottes Eigenschaften mit der Frage nach Wundern befasst, denn nach der Bibel „ist Gott allmächtig und tut Wunder". Zwischenergebnis unserer Diskussion war bisher, dass Gott aufgrund seiner Allmacht natürlich jederzeit Wunder bewirken *könnte*, was jedoch noch nicht bedeutet, dass er es auch tatsächlich tut. Gleichzeitig ist die Welt voll von Berichten über angebliche „Wunder", wobei es höchst umstritten ist, ob es sich dabei wirklich um „Wunder" handelt. Letztendlich ist es eine Glaubensfrage. Das war bisher unser Zwischenergebnis.

Der renommierte Theologe Hans Küng erklärt, Gott habe es gar nicht nötig, Wunder zu bewirken. *„... ist Gott nicht darauf angewiesen, durch ,Wunder' außerhalb der Spielregeln ein großes Schauspiel aufzuführen. Die Größe Gottes besteht gerade nicht darin, dass er dies kann oder können müsste, sondern dass er es nicht nötig hat, dass er auf Schau Effekte verzichten kann."*[60] Dennoch, meint Küng, mische sich Gott durchaus in das Weltgeschehen ein. Das lasse sich allerdings nur durch den Glauben an ihn erkennen. Wunder fänden nicht statt. Über viele Seiten versucht Küng seinen Lesern zu vermitteln, wie man sich das Wirken Gottes ohne

Wunder vorstellen könne. Auf Seite 709 seines bereits erwähnten Buches „Existiert Gott?" heißt es insoweit:

- *„Gott wirkt in der Welt nicht in der Weise des Endlichen und Relativen, sondern als das Unendliche im Endlichen und das Absolute im Relativen.*
- *Gott wirkt nicht von oben oder von außen als unbewegter Beweger in die Welt hinein, sondern er wirkt als die dynamische wirklichste Wirklichkeit von innen im Entwicklungsprozess der Welt, den er ermöglicht, durchwaltet und vollendet. Er wirkt nicht über dem Weltprozess, sondern im Weltprozess: in, mit und unter den Menschen und Dingen. Er selbst ist Ursprung, Mitte und Ziel des Weltprozesses!*
- *Gott wirkt nicht nur an einzelnen besonders wichtigen Punkten oder Lücken des Weltprozesses, sondern er wirkt als der schöpferische und vollendende Urhalt und so als der weltimmanent-weltüberlegene Lenker der Welt – allgegenwärtig (omni-präsent) und allmächtig (omnipotent) – unter voller Respektierung der Naturgesetze, deren Ursprung er selber ist. Er selbst ist der allesumgreifende und allesdurchwaltende Sinn-Grund des Weltprozesses, der freilich nur im Glauben angenommen werden kann."*

Ich persönlich kann mit diesen Ausführungen wenig anfangen. Wenn Küng damit sagen will, dass Gott den weltlichen Entwicklungsprozess, die Evolution, schon bei der Schaffung der Welt im Urknall **angelegt *(nicht vorausbestimmt)*** hat, dann stimme ich ihm zu. Etwas anderes vermag ich aus seinen Ausführungen nicht herauszulesen. Damit ist mir aber bei meinem Versuch, Gott zu verstehen, nicht viel weitergeholfen. Besonders ist das für mich kein Grund, nicht an Wunder zu glauben. Es ist nicht ersichtlich, woher Küng die Gewissheit bezieht, dass Gott keine Wunder bewirkt. Auf jeden Fall setzt er sich damit in Gegensatz zu den biblischen Aussagen.

Der Theologe Eugen Drewermann verneint ebenfalls, dass es Wunder gibt. Er erklärt die Wunderberichte in der Bibel mit tiefenpsychologischen

Vorgängen. Als Beispiel sei Drewermanns Erläuterung in einem Interview zur Heilung des Blinden in Bethsaida (Mk. 8,22–26) durch Jesus genannt.[61] Jesus heilt einen Blinden, indem er ihm Speichel auf die Augen streicht und die Hand auflegt.

Frage des Interviewers an Drewermann: *Aber könnte es nicht sein, dass der Blinde tatsächlich im medizinischen Sinne blind war?*
Drewermann: *Psychotherapeutische Behandlungen setzen seelisch beeinflussbare Krankheiten voraus. Aus Jesu Therapie – Speichel und Handauflegen – lässt sich erkennen, dass es sich um eine psychosomatische Form von Blindheit handelte: Der Mann war blind, weil er Angst hatte.*
Frage: *Wovor?*
Drewermann: *Die Art, wie wir die Welt sehen, wird bestimmt von den Menschen, die uns die Welt zeigen. Wir sind einem mit den Augen ausgetragenen Machtkampf ausgesetzt, ein ständiges Sich-Vergleichen mit der Umwelt, ein Kampf um Rangpositionen in der Gruppe. Der Mann war außerstande, eine eigene, selbstbewusste Wahrnehmung aufzubauen. Die Blicke der anderen bedrängten ihn so sehr, dass er nur noch die Augen verschließen konnte, also blind wurde.*
Frage: *Und wie kann Speichel dagegen helfen?*
Drewermann: *Sicher, heutzutage würden Sie sofort bei der Krankenkasse anrufen und sich über den „Kurpfuscher" beschweren, wenn ein Arzt Sie angespuckt hätte. Niemand heilt so. Aber Jesu Speichel ist Ausdruck der Geborgenheit, die er dem Blinden entgegenbringt. Eine warme Körperflüssigkeit, die den Blinden an seinen Zustand im Mutterleib erinnert, als er das Licht der Welt noch nicht erblickt hatte.*

Drewermann selbst deckt durch diese Antwort die Schwäche seiner Argumentation auf. Wenn Jesus den Blinden wirklich durch eine psychotherapeutische Behandlung geheilt hat, warum heilt heute niemand nach dieser Methode? Ein Therapeut, der dazu in der Lage wäre, wäre ein gemachter Mann. Ganz so einfach, wie Drewermann das behauptet, scheint es doch nicht zu sein. Ganz abgesehen davon, dass Drewermann offenbar in der

Lage ist, nach 2000 Jahren und ohne den „Patienten" jemals gesehen oder gesprochen zu haben, eine Ferndiagnose zu stellen.

Nun haben nicht nur zu biblischen Zeiten, sondern auch in der Neuzeit Ereignisse stattgefunden, die angeblich Wunder waren. Fatima und Lourdes hatte ich schon erwähnt. In der Neuzeit konzentrieren sich „Wunder" auf unerklärliche Heilungen. Ereignisse, bei denen angeblich die Naturgesetze außer Kraft gesetzt wurden, sind in neuerer Zeit nicht mehr bekannt geworden. Dabei ist die Grenze, was eine Durchbrechung der Naturgesetze bedeutet, fließend. Als man 2001 das Grab des 1963 gestorbenen Papstes Johannes XXIII. öffnete, um seinen Leichnam von der Krypta in den Petersdom umzubetten, stellte man fest, dass sein Leichnam noch nicht verwest war. Das ist bis heute so. Jeder Besucher des Petersdoms kann sich durch Augenschein davon überzeugen. Johannes XXIII. ist dort in einem gläsernen Sarg aufgebahrt. Es gibt noch diverse andere Personen, deren Leichname nicht verwesen. Wer sich für Einzelheiten interessiert, sei auf die Internetseite „kath-zdw.ch" verwiesen. Dort finden Sie auch Beschreibungen weiterer „Wunder", z. B. das „Blutwunder von Neapel" oder „Stigmatisierungen". Viele dieser „Wunder" wurden wissenschaftlich eingehend untersucht, ohne dass man dafür (bisher) eine Erklärung gefunden hätte. Erwähnt sei auch, dass sich „Wunderheilungen" nicht nur an exponierten Orten wie Lourdes ereignen. So kommen generell bei Krebserkrankungen „Spontanremissionen" mit einer (geschätzten) Häufigkeit von 1 : 100.000 vor.[62] Von einer Spontanremission spricht man, wenn sich ein Krebstumor plötzlich, ohne erklärbaren Grund, zurückbildet. Sind das (von Gott bewirkte) „Wunder"?

Letztendlich ist es eine Frage des Glaubens, ob man derartige Ereignisse als „Wunder" begreift oder als natürliche, lediglich **bisher** nicht erklärbare Vorkommnisse.

Ich stimme Küng insoweit zu, dass es für den Glauben an Gott nicht wirklich wichtig ist, ob Gott „Wunder" bewirkt oder nicht. Es bleibt jedoch festzuhalten, dass Gott wegen seiner Allmacht jederzeit in der Lage wäre, Wunder zu vollbringen. Woher Küng so sicher weiß, dass Gott von seiner Möglichkeit keinen Gebrauch macht, vermag ich nicht zu erkennen. Ich werde gleich begründen, warum das Gegenteil wahrscheinlicher ist.

Nachdem wir uns das gesamte System Gottes erarbeitet haben, haken wir jetzt noch einmal nach und fragen, was denn *„glaubwürdiger"* ist: dass Gott Wunder bewirkt oder dass er das nicht tut. Und da schlägt das Pendel jetzt eindeutig zur Bejahung möglicher Wunder aus. Weshalb?

Zunächst ist anzumerken, dass die *Glaubwürdigkeit* angeblicher Wunder stark davon abhängt, um welche Art „Wunder" es sich handelt. Dabei sind drei Arten von Wundern zu unterscheiden. **Erstens** solche, bei denen in die Naturgesetze eingegriffen wird. **Zweitens** solche, bei denen zwar keine Naturgesetze außer Kraft gesetzt werden, aber für uns unerklärliche Dinge passieren, die jedoch keine unmittelbare Hilfe für einen Menschen darstellen. Beispiele sind das Blutwunder von Neapel, bei dem sich jährlich das in einer Ampulle aufbewahrte Blut des im Jahre 305 enthaupteten San Gennaro verflüssigt oder die „Bilderwunder" von Medjugorje in Bosnien/Herzegowina. Wenn dort Fotos auf dem Kreuzberg gemacht werden, ist später, nach der Entwicklung der Bilder, manchmal das Bild der Mutter Jesu zu sehen. **Drittens** solche, bei denen einem Menschen unmittelbar geholfen wird, z. B. bei der Genesung unheilbar Kranker.

Ich halte die *Glaubwürdigkeit* der drei Kategorien von Wundern deshalb für unterschiedlich hoch, weil sich doch die Frage stellt, warum Gott derartige Wunder bewirken sollte. Wenn er mit dem Urknall die materielle Welt inklusive der Naturgesetze schuf, warum sollte er diese Gesetze zeitweise außer Kraft setzen? Ein plausibler Grund ist nicht zu erkennen. Deshalb stimme ich für die erste Kategorie von Wundern Hans Küng zu, dass Gott es nicht nötig hat, solche Kunststücke aufzuführen. Das Sonnenwunder von Fatima halte ich aus diesem Grund nicht für glaubwürdig. Zumal auch schon 50 Kilometer von Fatima entfernt das „Tanzen der

Sonne" nicht beobachtet wurde und weltweit kein Astronom irgendeine Bewegung der Sonne von ihrem angestammten Platz im Universum weg registriert hat. Für die zweite Gruppe von Wundern gilt prinzipiell das Gleiche. Warum sollte Gott Statuen weinen, Phantombilder auf Fotos erscheinen oder Leichname nicht verwesen lassen? Vermutlich werden wir für diese Phänomene irgendwann eine „natürliche" Erklärung finden. Gleichzeitig muss ich zugeben, dass, bei aller Skepsis bezüglich dieser zweiten Kategorie von Wundern, es nicht mit letzter Sicherheit ausgeschlossen werden kann, dass Gott doch eingreift. Ein möglicher Grund dafür lässt sich nämlich denken: Vielleicht will Gott in diesen Fällen den Menschen ganz einfach ein Zeichen schicken, ihnen behilflich sein, den Glauben an ihn zu finden, sie zuversichtlich machen. Vielleicht will er für einen Wimpernschlag seine Verborgenheit aufgeben. Dennoch bin ich auch bei dieser Kategorie von Wundern sehr skeptisch und halte sie eher für unglaubwürdig.

Ganz anders stellt sich für mich die Situation bei der dritten Kategorie von Wundern dar. Hier wird einem Menschen unmittelbar geholfen. Hier macht ein Eingreifen Gottes Sinn. Es könnte seine Reaktion auf (Bitt-)Gebete sein. Und es deckt sich auch mit Jesu' Aussage: *„Bittet, so wird euch gegeben … Denn wer da bittet, der empfängt … wieviel mehr wird euer Vater im Himmel Gutes geben denen, die ihn bitten"* (Mt. 7,7–11, Lk. 11,9–13). Und: *„Wahrlich, wahrlich, ich sage euch: Wenn ihr den Vater etwas bitten werdet, so wird er's euch geben in meinem Namen"* (Joh. 16,23). Diese „Wunder" machen also auch theoretisch Sinn, weil es einen nachvollziehbaren Grund für Gottes Eingreifen gibt, und sie entsprechen auch den Aussagen der Bibel, hier sogar von Jesus persönlich. Deshalb glaube ich, dass diese Art Wunder auch tatsächlich geschehen.

Wenn das so ist, stellt sich natürlich die Frage nach der Gerechtigkeit Gottes. Offensichtlich erhört er nicht alle Bitten. Es gibt naturgemäß keine Statistiken darüber, wie viel Prozent aller Bitten von Gott erhört werden. „Gefühlt" sind es jedoch nicht viele. Das tatsächliche Erleben eines

Wunders gleicht eher dem Hauptgewinn im Lotto. Warum also erhört Gott nicht alle Bitten? Ist das gerecht?

Wir hatten unseren Aufenthalt auf der Erde mit einem „Stubenarrest" verglichen, den Eltern ihrem ungehorsamen Kind auferlegt haben. Wird ein solcher Stubenarrest von den Eltern immer, ohne Ausnahme, voll durchgezogen oder gibt es manchmal „Strafnachlass"? Eltern kennen das: Das Kind weint oder bereut zutiefst oder entschuldigt sich und erweicht dadurch unser Herz. Dann verkürzen wir schon mal die Dauer des Stubenarrests oder gewähren irgendeine andere „Straferleichterung". Allerdings sind wir nicht immer zu solchen Erleichterungen bereit. Vielleicht war das Kind schon zum wiederholten Male in der gleichen Sache ungehorsam oder wir sind nicht in der entsprechenden Laune oder wir bleiben aus einem anderen Grund „hart".

Obwohl wir somit nur manchmal, nicht immer, „Straferleichterung" gewähren, halten wir das nicht für ungerecht, weil wir dafür doch gute Gründe haben.

Ähnlich ist es im Verhältnis zwischen Gott (den Eltern) und den Menschen (seinen Kindern). Auch Gott liebt die Menschen und er sieht, wie sie unter dem „Stubenarrest" leiden. Wenn der Mensch nun Gott in Gebeten bittet, ihm zu helfen, ihm „Straferleichterung" zu gewähren, dann ist es nachvollziehbar, dass Gott sich aus Liebe **manchmal, nicht immer**, „erweichen" lässt. Er greift in den „Stubenarrest" ein. Das stellt sich uns dann als „Wunder" dar, z. B. wenn ein als unheilbar diagnostizierter Mensch plötzlich gesund wird, ohne dass wir diesen Prozess erklären können. Aus dieser Perspektive erscheint es nicht mehr „ungerecht", wenn Gott nicht jede Bitte erhört.

Unsere Frage nach der Gerechtigkeit Gottes ist im Übrigen auf die Zeit unseres Aufenthalts auf der Erde fokussiert. Wir erwarten, dass Gerechtigkeit hier, während unseres Lebens auf der Erde, hergestellt wird. Wenn wir die Lebenswege verschiedener Menschen hier auf Erden vergleichen, stellen wir jedoch schnell fest, dass es, unabhängig von Wundern, praktisch unmöglich ist, hier auf Erden „Gerechtigkeit" herzustellen. Gott stellt Gerechtigkeit dagegen im Rahmen des ewigen Lebens her. Dabei ist das Leben auf der Erde nur ein Wimpernschlag, der kaum ins Gewicht fällt. Durch den Fokus nur auf unser Erdenleben können wir nicht verstehen, wie Gott die absolute Gerechtigkeit „in der Ewigkeit" herstellen wird. Deshalb rebelliert unser Gerechtigkeitsgefühl, wenn wir nur den „irdischen Aspekt", unsere Zeit hier auf der Erde, im Blick haben. Das ist der Grund dafür, warum wir Jesus nicht wirklich verstehen, wenn er in Gleichnissen von Gottes Gerechtigkeit spricht. So im Gleichnis von den Arbeitern im Weinberg, die alle den gleichen Lohn bekommen, obwohl sie unterschiedlich lange gearbeitet haben, Mt. 20,1–16. Das halten wir für ungerecht. Wir legen als Maßstab nur unsere irdische Erfahrungswelt und unsere irdische Lebensspanne an.

Zusammenfassend halte ich Wunder nicht nur für möglich, sondern bin überzeugt, dass Gott auch welche bewirkt. Das Auftreten von Wundern widerspricht auch nicht dem Gerechtigkeitsattribut Gottes.

Wegen der besonderen Bedeutung und Wichtigkeit des Wunders der Jungfrauengeburt möchte ich darauf jetzt in einem eigenen Kapitel näher eingehen.

F 3   Die Jungfrauengeburt: Faktum oder Legende?

Das (angebliche) Wunder der Jungfrauengeburt hat zwei spezielle Aspekte:

Erstens weist es im Vergleich zu anderen Wundern Besonderheiten auf. Wunder sind normalerweise „öffentlich, für jeden wahrnehmbar". Wenn die Sonne tanzt, Statuen weinen, Blut sich verflüssigt oder unheilbar Kranke über Nacht gesunden, kann dies prinzipiell von jedem Menschen gesehen oder geprüft werden. Die Jungfrauengeburt ist dagegen gerade **nicht** „öffentlich". Wie sollte man dem neugeborenen Knaben Jesus ansehen, auf welche Weise er gezeugt wurde? Die Welt weiß nur deshalb, dass Maria auf ungewöhnliche Weise schwanger wurde, weil sie offensichtlich selbst davon berichtet hat und diese Berichte in zwei Evangelien, Mt. 1,18–25 und Lk. 1,26–38, wiedergegeben sind. Ob Maria tatsächlich als Jungfrau schwanger wurde, entzieht sich jeder Prüfungsmöglichkeit. Wir sind hier völlig auf unseren *Glauben* zurückgeworfen. Dabei müssen wir jedoch nicht „blind" glauben, sondern können nach Argumenten suchen, was denn *glaubwürdiger* ist. Was spricht also generell gegen und was für die Jungfrauengeburt?

Zweitens ist die Jungfrauengeburt für die christliche Lehre von zentraler Bedeutung. Denn nach christlichem Glauben konnte Jesus sein (Erlösungs-)Werk nur deshalb vollbringen, weil er Gottes Sohn ist. Christen leiten die Gottessohnschaft aus der Jungfrauengeburt ab. Nach christlichem Glauben hat Gott bewirkt, dass Maria „unbefleckt", ohne Beteiligung eines Mannes, schwanger wurde. Im christlichen Glaubensbekenntnis heißt es entsprechend: „Ich glaube … an Jesus Christus, seinen eingeborenen Sohn, unsern Herrn, **empfangen durch den Heiligen Geist, geboren von der Jungfrau Maria …**" Wenn somit die Jungfrauengeburt nicht „wahr" ist, ist Jesus doch offensichtlich auch nicht Gottes Sohn. Damit würde ein zentraler Pfeiler der christlichen Lehre wegfallen und das ganze Gebäude einstürzen. Das könnte nur verhindert werden, wenn man die Gottessohnschaft Jesu nachvollziehbar auch ohne Jungfrauengeburt irgendwie erklären könnte. Hängt die christliche Lehre somit wirklich zentral an der Jungfrauengeburt oder kann man Jesu Gottessohnschaft auch ohne sie erklären?

Kurzum, ist die Jungfrauengeburt also ein Faktum oder eine Legende?

Wenn heutzutage die Sprache auf die Jungfrauengeburt kommt, entgegnet einem der moderne, aufgeklärte, wissenschaftlich geschulte Zeitgenosse, man glaube doch nicht allen Ernstes an ein solches Märchen. Die Gegenfrage, **warum** er offensichtlich **nicht** daran glaube, ruft regelmäßig blanke Verwunderung hervor. Na, das sei doch wohl klar und bedürfe keiner weiteren Begründung. So etwas gebe es einfach nicht. Wissenschaftlich sei kein einziger Fall einer Jungfrauengeburt dokumentiert und es sei auch biologisch nicht möglich.

Zunächst fällt auf, dass der Frage in den meisten Diskussionen ein grundlegendes Missverständnis zwischen den Debattierenden zugrunde liegt. Man geht (stillschweigend) von völlig verschiedenen Annahmen aus und redet deshalb aneinander vorbei. Bevor die Frage sinnvollerweise diskutiert werden kann, sind zwei Vorfragen zu klären, nämlich genau die, die auch wir am Anfang dieses Buches geklärt haben. Gehen beide Seiten davon aus, dass es eine höhere Macht gibt? Wenn einer der Diskutierenden das verneint, hat sich die Sache schon erledigt. Denn der Jungfrauengeburt liegt ja gerade die Behauptung zugrunde, eine höhere Macht hätte sie bewirkt. Bejahen beide Seiten eine höhere Macht, ist weiter zu klären, ob auch beide den Gott der Bibel als diese höhere Macht akzeptieren. Hat die höhere Macht einer der beiden Seiten ein anderes Profil als der Gott der Bibel, ist sie z. B. nicht allmächtig oder bewirkt keine Wunder, läuft die Diskussion ebenfalls von vornherein ins Leere. Nur wenn beide Seiten in beiden Fragen übereinstimmen, existiert eine vernünftige Diskussionsbasis. Deshalb unterstelle ich in meinen weiteren Ausführungen, dass dieses gemeinsame Verständnis gegeben ist. Beide Diskussionspartner gehen also davon aus, dass es eine höhere Macht gibt, die unter anderem allmächtig ist und auch Wunder bewirkt.

Die notwendige gemeinsame Diskussionsbasis ist am ehesten bei Theologen zu vermuten. Überraschenderweise rücken aber gerade auch aus dieser Gruppe immer mehr Theologen von der Jungfrauengeburt ab. So äußerte sich die ehemalige Bischöfin Prof. Dr. Margot Käßmann in einem Interview mit dem SPIEGEL (22.7.2013) zur Frage nach dem Vater von Jesus folgendermaßen: *„Da bin ich ganz Theologin des 21. Jahrhunderts.*

Ich glaube, dass Maria eine junge Frau war, die Gott vollkommen vertraut hat. Aber dass sie im medizinischen Sinne Jungfrau war, das glaube ich nicht ... Ich denke, dass Josef im biologischen Sinne der Vater Jesu war." Eugen Drewermann, ebenfalls in einem SPIEGEL-Interview (Heft 52/ Dez. 1991): *„Die Jungfrauengeburt ist nicht als historisches Ereignis aus den Texten des Neuen Testaments zu begründen, sie ist nicht als biologisches Ereignis zu verstehen ... Jesus ist als Mensch gezeugt und geboren wie jeder andere Mensch auch. Ungewöhnlich war nicht seine Geburt, sondern sein Leben. Um dies zu deuten, haben die ersten Christen die Bilder von der Jungfrauengeburt benutzt, die auf altorientalische Königsvorstellungen zurückgehen. Die Geburtsgeschichten Jesu bei Matthäus und Lukas sind mythennahe Legenden, keine historischen Berichte.*" Und Hans Küng: *„Die Erzählung von der Jungfrauengeburt ist kein Bericht von einem biologischen Faktum, sondern ist Deutung von Wirklichkeit mit Hilfe eines Ursymbols.*"[63] Nicht viele Theologen trauen sich, öffentlich eine so eindeutige Position zu beziehen. Gerade katholische Priester müssen um ihren Job fürchten, wenn sie von der offiziellen Lehre des Vatikans abweichen. So wurde Eugen Drewermann 1991 seine katholische Lehr- und 1992 die Predigtbefugnis entzogen. Außerdem wurde er 1992 von seinem Priesteramt suspendiert. Unter anderem waren dafür auch seine Äußerungen zur Jungfrauengeburt maßgebend. Auch Hans Küng wurde 1979 die Lehrerlaubnis entzogen. Insofern dürften die Theologen, die sich öffentlich „trauen", nur die Spitze des Eisbergs sein.

Wie kommen nun aber all diese Theologen trotz der gemeinsamen Diskussionsbasis (Gott der Bibel) zu dieser Auffassung, was sind ihre Argumente, und sind diese überzeugend?

Als wichtigstes Argument berufen sie sich auf die Ergebnisse der historisch-kritischen Bibelexegese und behaupten, deren Befunde seien eindeutig und „wahr". Ich habe mich bereits oben (vgl. B 2.: Was ist das Wesen der „höheren Macht"?) zur grundsätzlichen Schwäche der historisch-kritischen Exegese geäußert. Um es noch einmal auf den Punkt zu bringen:

Die Methode ist äußerst wertvoll und hat wichtige Ergebnisse im Hinblick auf den **historischen** Wahrheitsgehalt der Bibel erbracht. Hat es die Arche Noah wirklich gegeben, hat Jesus tatsächlich gelebt und wurde er gekreuzigt, hat es Johannes den Täufer gegeben usw.? Auch liefert die Methode Informationen, die für die Interpretation biblischer Texte wichtig sind. Wann wurde ein Text verfasst, wie war zu dieser Zeit das kulturelle Umfeld, wie war das gesellschaftliche Leben strukturiert, welche Gottesvorstellungen existierten, mit welcher Bedeutung wurden bestimmte Worte benutzt usw.. So hat die Auswertung der Qumran-Schriften neue Erkenntnisse zu diesen Punkten erbracht. Damit erschöpft sich aber die Methode und hat ihre Grenzen erreicht. Für theologische, transzendente Fragen ist sie völlig ungeeignet. Das gilt im Übrigen auch für jedwede andere „wissenschaftliche" Methode. Es kann eben nicht wissenschaftlich geprüft und bewiesen werden, ob Gott allmächtig ist und gelegentlich in das Weltgeschehen eingreift, ob Maria wirklich ein Engel erschienen ist und ihr die Jungfrauengeburt angekündigt hat, ob Jesus Gottes Sohn ist, ob er wirklich auferstanden ist usw. Derartige Fragen sind durchweg reine *„Glaubensfragen"*. Natürlich braucht es keinen „blinden" Glauben. Man kann, ja man sollte sich die Frage stellen, welche Argumente für oder gegen den Wahrheitsgehalt des geschilderten Geschehens sprechen. Insoweit kann die historisch-kritische Exegese Anhaltspunkte liefern, die in eine derartige Bewertung einfließen. So hat die Exegese z. B. festgestellt, dass die Jungfrauengeburt historisch ein in der Antike von Ägypten bis Indien weit verbreiteter Mythos war. Das wird man bei der Bewertung des Wahrheitsgehalts der biblischen Berichte berücksichtigen müssen. Daraus jedoch den Schluss zu ziehen, die Evangelisten seien davon **zweifelsfrei** so beeinflusst gewesen, dass sie diesen Mythos auch auf Jesus und seine Geburt (symbolisch) übertragen hätten, geht weit über das hinaus, was diese historischen Fakten für die Beantwortung der theologischen Fragen hergeben. Küngs folgende Feststellung ist deshalb **in ihrer Ausschließlichkeit** nicht haltbar: *„Es ist unübersehbar: Etwas exklusiv Christliches ist gerade die Jungfrauengeburt aus sich selbst heraus nicht! Der Topos Jungfrauengeburt wird denn auch nach Auffassung heutiger Exegese*

von beiden Evangelisten als >>ätiologische<< Legende oder Sage benützt,
welche im nachhinein eine >>Begründung<< (griech. >>Aitía<<) für die
Gottessohnschaft liefern soll."[64] Mit anderen Worten: Den Wegbegleitern
Jesu ist erst **nach seiner Auferstehung** „ein Licht aufgegangen". Erst dann
haben sie erkannt, dass er etwas Besonderes war. Um das darzustellen,
haben sie **nachträglich** die Jungfrauengeburt „erfunden" und dazu den
allgemein bekannten Mythos von Jungfrauengeburten verarbeitet. Natürlich ist die Möglichkeit, dass es so war, unbestritten nicht auszuschließen.
Gleichzeitig besteht jedoch ebenso die Möglichkeit, dass die Evangelisten,
obwohl ihnen die vorhandenen Mythen bekannt waren, eben von einem
besonderen Fall einer Jungfrauengeburt berichten wollten. Welche der
beiden Varianten „wahr" ist, kann die historisch-kritische Exegese nicht
beantworten. Das gilt schon unter der Annahme, dass die biblischen
Texte reines Menschenwerk sind. Geht man jedoch, so wie ich, davon aus,
dass diese Texte eben kein reines Menschenwerk sind, sondern göttlich
inspiriert, sind die Erkenntnisse der Exegeten, was die transzendenten
Fragen der Bibel betrifft, wertlos. Für die Entscheidung unserer Frage,
ob die biblische Jungfrauengeburt ein Faktum ist oder nicht, wiegen die
Erkenntnisse der Exegeten deshalb nicht schwer. Es gibt im Gegenteil ein
starkes Argument, das gegen die Schlussfolgerungen der Exegeten und
ihrer Anhänger spricht und die Annahme der Jungfrauengeburt eher
als ein Faktum erscheinen lässt. Es gibt nämlich einen wesentlichen Unterschied zwischen der „mythischen" und der biblischen Jungfrauengeburt. Bei der mythischen vermischen sich regelmäßig ein Gott und ein
Mensch in einem erotischen Akt zur Zeugung des „Gotteskindes". Bei
der biblischen Jungfrauengeburt fehlt es völlig an einem solchen Vorgang.
Marias Schwangerschaft wird von einem Engel angekündigt und vom
Heiligen Geist ohne jeglichen erotischen Akt lediglich „bewirkt". Gerade
dieser essentielle Unterschied spricht für eine originäre, eigene, einmalige
Jungfrauengeburt, von der die Evangelisten berichten. Sie haben eben
nicht einfach die vorhandenen Mythen übernommen, sondern es ist etwas Eigenes, Einmaliges, Neues, bisher so nicht Dagewesenes geschehen.
Davon berichten die Evangelisten. Auch in diesem Licht erscheinen die

Behauptungen der Exegeten als eher schwache Argumente, während die biblischen Berichte stark an Glaubwürdigkeit gewinnen.

Neben den Erkenntnissen der Exegese speziell zur Jungfrauengeburt wird von Theologen, die die Jungfrauengeburt ablehnen, als weiteres Argument angeführt, Gott greife generell nicht durch Wunder ins Weltgeschehen ein. Die biblischen Wunderberichte beruhten auf Legenden und Mythen, die die Evangelisten übernommen hätten.[45] So auch die Jungfrauengeburt. Wie schon oben unter F 2. ausführlich diskutiert und begründet, ist diese Auffassung zwar möglich, glaubwürdiger und auch wahrscheinlicher ist dagegen auch hier, dass Gott punktuell sehr wohl Wunder bewirkt. Und hier handelt es sich nicht um ein „klassisches" Wunder, sondern Gott begibt sich selbst, höchstpersönlich, in die materielle Welt, um einen Liebesakt gegenüber seiner Schöpfung vorzunehmen. Deshalb liegt hier etwas völlig anderes vor als ein „übliches" Wunder.

Die Jungfrauengeburt wird des Weiteren auch deshalb bestritten, weil sich auf dem Weg vom ursprünglich hebräischen Schrifttext zum heutigen Bibeltext angeblich ein Übersetzungsfehler eingeschlichen habe. Die Diskussion dreht sich um zwei Bibelstellen: Der Prophet Jesaja wirkte um ca. 700 v. Chr. und sagte vorher, Jes. 7,14: „*Darum wird euch der Herr selbst ein Zeichen geben: Siehe, eine Jungfrau ist schwanger und wird einen Sohn gebären, den wird sie nennen Immanuel.*" Hier liegt der angebliche Übersetzungsfehler vor. Im hebräischen Originaltext steht der Begriff „Alma", und der bedeute nicht „Jungfrau", sondern „junge Frau". Dem ist entgegenzuhalten, dass nach hebräischem Sprachgebrauch je nach dem textlichen Zusammenhang mit „Alma" durchaus beide Begriffe gemeint sein können und keineswegs immer nur „junge Frau". Welchen der beiden Begriffe, „Jungfrau" oder „junge Frau", meinte nun Jesaja vermutlich? „*Darum wird euch der Herr selbst ein Zeichen geben*": Ist es etwas Besonderes, wenn eine „junge Frau" schwanger wird? Ist das ein besonderes Zeichen des Herrn? Nein, das ist Alltagsgeschehen. Aber wenn eine „Jungfrau" schwanger wird, das ist etwas Außergewöhnliches, etwas Besonderes, eben ein Zeichen. Daher spricht schon diese Analyse eher dafür, dass im Originaltext bei Jesaja tatsächlich mit „Alma" eine „Jungfrau" gemeint war. Die zweite relevante Bibelstelle ist Mt. 1,22: *„Das ist aber alles geschehen, auf dass erfüllt würde, was der Herr durch den Propheten gesagt hat, der da spricht: Siehe, eine Jungfrau wird schwanger sein und einen Sohn gebären, und sie werden seinen Namen Immanuel heißen, das ist verdolmetscht: Gott mit uns."* Es wird argumentiert, Matthäus habe die Jungfrauengeburt „erfunden" und die Prophezeiung Jesajas dazu „unterstützend" benutzt. Dabei sei letztlich auch der Übersetzungsfehler mit übernommen worden. Mit dieser Argumentation werden die Dinge auf den Kopf gestellt: Matthäus brauchte Jesaja nicht. Er berichtet vielmehr von einem Ereignis, das sich, völlig unabhängig und losgelöst von irgendwelchen Prophezeiungen, tatsächlich ereignet hat. Das ergibt sich eindeutig aus Mt. 1,18–25. Die Schilderung unterscheidet sich deutlich von der einfachen Prophezeiung, wo lediglich vorhergesagt wird, dass eine Jungfrau schwanger werden wird. Matthäus schildert dagegen Details, wie z. B. das schwierige Verhältnis zwischen Maria und Joseph und das Erscheinen des Engels in Josephs Traum. Das geht weit über die Prophezeiung hinaus. Matthäus erwähnt Jesaja somit lediglich zur Bekräftigung, aber nicht zur (erfundenen) Begründung der Jungfrauengeburt. Ergänzend ist auf Lk. 1,26–38 hinzuweisen, wo noch mehr Details des Geschehens dargestellt sind und ein Hinweis auf Jesaja völlig fehlt. Gleichzeitig ist auch dort eindeutig von einer „Jungfrau" die Rede.

Schließlich wird die Jungfrauengeburt auch deshalb bestritten, weil die „Exegese" ergeben habe: *„Außer diesen beiden genannten Evangelien* (Matthäus und Lukas, Anm. des Autors) *weiß das ganze Neue Testament von einer Jungfrauengeburt Jesu rein nichts!"*[65] Was ist von diesem Argument zu halten? Stellen Sie sich vor, vier Personen besuchen ein Fußballspiel und beschreiben anschließend in einem Bericht ihre Eindrücke. Mit Sicherheit werden vier unterschiedliche Schilderungen herauskommen. Lediglich einige Punkte, wie z. B. das Endergebnis, die Schilderung eines Elfmeters, eines Platzverweises, der Tore oder von Zuschauerausschreitungen, werden in allen Berichten vorkommen. Ansonsten wird jeder der vier Personen andere Aspekte des Spiels beschreiben, die ihm wichtig erscheinen. Trotz der unterschiedlichen Schilderungen handelt es sich um die Darstellung eines historischen Ereignisses, das tatsächlich stattgefunden hat. Nehmen wir weiter an, die Berichte würden 2000 Jahre später „erforscht", um herauszufinden, ob das Spiel tatsächlich stattgefunden hat. Es wird dann festgestellt, dass die Berichte nicht völlig identisch sind. Des Weiteren werden einige Punkte unterschiedlich dargestellt. So schreibt der eine Autor, das Stadion sei ausverkauft gewesen, ein anderer erwähnt dagegen, einige Sitze seien leer geblieben, die anderen beiden erwähnen die Zuschauerzahl überhaupt nicht usw. Aus diesen „Ungereimtheiten" die Schlussfolgerung zu ziehen, das Spiel habe gar nicht stattgefunden, ist offensichtlich falsch. Wären dagegen „Kernpunkte" unterschiedlich dargestellt, wären Zweifel an der „Echtheit" völlig berechtigt. Das könnte z. B. der Fall sein, wenn die vier Autoren von vier verschiedenen Endergebnissen des Spiels berichten. Widersprechen sich die vier Evangelisten hinsichtlich der Jungfrauengeburt in diesem Sinne in wesentlichen Punkten? Gibt es völlig unterschiedliche Darstellungen von „Kernpunkten"? Das ist eindeutig zu verneinen. In allen vier Evangelien wird die **Gottessohnschaft** Jesu bezeugt. Das impliziert, dass Gott die Schwangerschaft Marias „bewirkt" hat. Wie sonst sollte Jesus aus Sicht der Evangelisten zur Gottessohnschaft gekommen sein? Alle vier Evangelisten bezeugen deshalb, dass Jesus tatsächlich Gottes Sohn ist. Das bezeugen sie, indem sie für die Bekräftigung desselben Sachverhalts (Gottes Sohn) unterschiedliche Geschehnisse herausgreifen und darstellen. Matthäus und Lukas direkt durch die Darstellung der Jungfrauengeburt. Markus und Johannes dagegen auf andere Weise. Markus z. B. in Mk. 1,11: *„Und da geschah eine Stimme vom Himmel: Du bist mein lieber Sohn, an dir habe ich Wohlgefallen"*, oder Mk. 9,7: *„Das ist mein lieber Sohn; den sollt ihr hören!"* Johannes z. B. in Joh. 1,34: *„Und ich sah es und bezeugte, dass dieser ist Gottes Sohn"*, oder Joh. 5,19–29, z. B. 22: *„Denn der Vater richtet niemand; sondern alles Gericht hat er dem Sohn gegeben …"*, oder Joh. 20,31: *„Diese aber sind geschrieben, dass ihr glaubet, Jesus sei der Christus, der Sohn Gottes."* Das

Argument, die Jungfrauengeburt sei direkt nur in zwei der Evangelien angesprochen und darum unglaubwürdig, ist deshalb nicht besonders stark. Man kann das Argument, im Gegenteil, gerade umdrehen: Da in zwei der Evangelien die Jungfrauengeburt eindeutig verbürgt wird und in den anderen beiden die Gottessohnschaft Jesu auf andere Weise ebenfalls bezeugt ist, spricht wesentlich mehr dafür als dagegen, dass sie tatsächlich stattgefunden hat.

Ich weise auch darauf hin, dass Joseph Ratzinger die Jungfrauengeburt von der Verkündigung an Maria bis zu Jesu Geburt theologisch aufgearbeitet hat und mit überzeugenden Argumenten zu dem Ergebnis kommt, dass die Jungfrauengeburt ein historisch reales Ereignis ist.[66]

Zusammenfassend halte ich deshalb die von Gegnern der Jungfrauengeburt genannten Argumente für nicht überzeugend. Schon gar nicht belegen sie, dass die Jungfrauengeburt zweifelsfrei nicht stattgefunden hat. Nach reiflicher Abwägung des Für und Wider stehe ich auf der Seite der Befürworter der Jungfrauengeburt.

Damit kommen wir zur zweiten Fragestellung: Die Jungfrauengeburt ist eng verbunden mit der christlichen Lehre von der Gottessohnschaft Jesu. Wenn ein Theologe die Jungfrauengeburt verwirft, hat er deshalb automatisch ein Problem mit seiner Kirche, denn er weicht in einem wesentlichen Punkt von der offiziellen Lehre ab. Ein Dogma lautet: *„Jesus Christus ist wahrer Gott und wesenhafter Gottessohn."*[67] Wie erklären diese theologischen Abweichler dann, dass Jesus auch ohne Jungfrauengeburt Gottes Sohn ist? Oder erachten sie die Gottessohnschaft Jesu womöglich nicht als ein wesentliches Merkmal der christlichen Lehre? Betrachten wir an den Beispielen Küng und Drewermann, wie sie das Problem lösen.

Zunächst wird wiederum unter Berufung auf die Exegese bestritten, dass es die Jungfrauengeburt tatsächlich gegeben habe. Des Weiteren habe

Jesus zu seinen Lebzeiten auch weder angenommen noch behauptet, er sei von göttlicher Natur. Auch seine Umgebung habe etwas Derartiges an seiner Person nicht wahrgenommen. Von seiner Auferstehung nach drei Tagen habe er vorher nichts gewusst. Sein Umfeld habe ihn auch nicht „Gottes Sohn" genannt und er habe sich auch selbst nicht als solcher ausgegeben. Vielmehr sei er ein „ganz normaler Mensch" gewesen, der allerdings ein extrem gottgerechtes und gottgefälliges Leben führte und ein charismatischer Prediger war. Drewermann: „*Viele Wunderberichte im Neuen Testament lassen von vornherein daran zweifeln, dass sie im historischen Sinn authentisch sind ... Wunder der Art, wie sie Jesus vollbracht haben soll, wurden auch über die Hauptfiguren anderer Religionen berichtet. Lange vor Jesus hat Dionysos – der griechische Gott des Weins und der Ekstase – Wasser in Wein verwandelt, lange vor Jesus ist Buddha über Wasser gegangen. Lange vor Jesus hat Asklepios, der griechische Gott der Heilkunst, Krankheiten aller Art geheilt. Und es gibt zudem die jüdischen Parallelen. Die zweimalige Brotvermehrung Jesu steht nur deshalb im Neuen Testament, weil über Moses im Alten Testament Ähnliches berichtet wurde ... Es sind Bilder, die symbolisch zeigen sollen, welche Kraft Jesus gehabt hat, Menschen zu sich selbst zu führen. ... die Art, wie Jesus an die Auferstehung glaubte, unterscheidet sich nicht von der Art, wie wir Christen daran glauben. Jesus wusste darüber nicht mehr als wir ... Er sah in seinem Tod überhaupt keinen Sinn. Er wollte nicht sterben. Als sich die Auseinandersetzung verschärfte, wird er sich gesagt haben: Laßt sie machen, was sie wollen, sie werden nur beweisen, dass sie nichts über den Tod hinaus können.*"[68] Und Küng: „*... nach heutiger neutestamentlicher Exegese* (ist) *grundlegend: Jesus hat sich nie Gott genannt, im Gegenteil: „Warum nennst du mich gut? Niemand ist gut als Gott allein"* (Mk. 10,18).[69] Wenn das so gewesen ist, wie kommt es dann aber, dass in den vier Evangelien an diversen Stellen Jesus doch zweifelsfrei als „Sohn Gottes" oder auch „Messias" bezeichnet wird und er auch selbst von seiner göttlichen Abstammung spricht? Das erklären die Exegeten damit, dass diese Bezeichnungen erst nachträglich, nach Jesu Tod, hinzugefügt wurden. Erst durch Jesu Auferstehung erkannten die Menschen, dass es sich offensichtlich um eine „besondere" Person gehandelt haben musste. Wie hätte er sonst auferstehen können? Gott hat Jesus **erst nachträglich durch die Auferstehung** selbst zu Gott erhöht. Die Formulierung „Gottes Sohn" will deshalb keine physische Abstammung, also auch keine metaphysisch von Gott bewirkte Zeugung, sondern eine – nachträgliche – „Einsetzung", „Erhöhung" zu einem gottgleichen Status zum Ausdruck bringen. Apg. 13,33 scheint dies zu belegen: „... *weil Gott sie (die Frohe Botschaft) uns, ihren Kindern, erfüllt hat, indem er Jesus auferweckte, wie denn im zweiten Psalm geschrieben steht: >Du bist mein Sohn, heute habe ich dich gezeugt.<* " Vom Sinnzusammenhang her kann mit „heute" nur die Auferstehung gemeint sein und mit „gezeugt" nur das „Einsetzen in eine Position". Auch Röm. 1,4 wird als Belegstelle angeführt: „(Jesus Christus ist) *eingesetzt als Sohn Gottes in Kraft durch die Auferstehung von den Toten.*" Küng fasst es in folgenden Sätzen zusammen: „*Erst nach seinem (Jesu) Tod, als man ... glauben durfte, dass er nicht in Leid und Tod geblieben, sondern ... durch Gott zu Gott >erhöht< worden war, hat die glaubende Gemeinde angefangen, den Titel >Sohn< oder >Sohn Gottes< für Jesus zu gebrauchen ... Im Neuen Testament ist ohne Frage nicht eine Abkunft, sondern die Einsetzung in eine Rechts- und Machtstellung ... gemeint. Nicht eine physische Gottessohnschaft ..., sondern eine Erwählung und Bevollmächtigung Jesu durch Gott ...*"[70]

Um es also noch einmal deutlich zu sagen: Eine nicht unerhebliche Zahl von Theologen vertritt heute unter Berufung auf die Ergebnisse der historisch-kritischen Bibelexegese die Auffassung, die Jungfrauengeburt sei ein Mythos und Jesu „Gottessohnschaft" sei nicht im Sinne einer physischen Abstammung von Gott, sondern als eine „Erhöhung zu Gott" durch Gott zu verstehen. Diese Erhöhung wurde erst durch die Auferstehung „im Nachhinein" sichtbar. Soweit in den Evangelien Jesus schon zu Lebzeiten als „Sohn Gottes", „Messias" oder mit ähnlichen Titeln bezeichnet wurde, ist dies als Folge der Auferstehung zu werten und somit erst nachträglich hinzugefügt worden. Bei dieser Sichtweise verliert die Jungfrauengeburt natürlich ihre zentrale Bedeutung für die christliche Lehre. Denn jetzt ist

Jesus zwar kein physischer Abkomme Gottes mehr, aber dennoch durch seine nachträgliche „Erhöhung zu Gott" „Gottes Sohn".

Ist diese Sichtweise glaubwürdig? Es gibt mehrere starke Argumente gegen diese Auffassung.

Erstens: Wenn zu Jesu Lebzeiten eigentlich nichts Besonderes an ihm festzustellen war, wenn er wie schon unzählige andere Wanderprediger und Propheten vor ihm auch auftrat, er somit nichts wirklich „Aufrührerisches" verkündete, sondern „nur" ein charismatischer Prediger war: Warum wurde er dann eigentlich gekreuzigt? Wegen ein paar Wundern? Wegen einiger prophetischer Aussagen? Wegen einiger „revolutionärer" Forderungen wie: „Liebet eure Feinde"? Wegen einiger für die religiösen Wortführer unangenehmen Aktionen wie die Tempelreinigung? Nein, Jesus wurde genau deshalb zum Tode verurteilt, weil er als „Gottes Sohn" auftrat und damit nach jüdischer Rechtsauffassung der Blasphemie, der Gotteslästerung schuldig war. Darauf stand die Todesstrafe. Der Hohepriester Kaiphas stellt Jesus die alles entscheidende Frage: *Bist du der Christus, der Sohn des Hochgelobten? Jesus aber sprach: Ich bin's; und ihr werdet sehen des Menschen Sohn sitzen zur rechten Hand der Kraft und kommen mit des Himmels Wolken. Da zerriss der Hohepriester seine Kleider und sprach: Was bedürfen wir weiter Zeugnis? Ihr habt gehört die Gotteslästerung. Was dünkt euch? Sie aber sprachen alle das Urteil über ihn, dass er des Todes schuldig wäre"* (Mk. 14,61–64). Vgl. auch Mt. 26,62–68 und Lk. 22,66–71. **Das** war der eigentliche „Skandal", dass sich Jesus als Gottes Sohn ausgab. Damit wird deutlich: Jesus muss schon zu Lebzeiten mit dem Anspruch, „Gottes Sohn" zu sein, aufgetreten sein, und sein Umfeld, insbesondere die Jünger, haben das auch genau so verstanden. *„Da antwortete Simon Petrus und sprach: Du bist Christus, des lebendigen Gottes Sohn"* (Mt. 16,16)! Nur mit diesem Anspruch Jesu auf Gottessohnschaft erklärt sich seine Kreuzigung. Schon von daher ist ersichtlich, dass die gegenteilige Darstellung der Exegeten nicht überzeugt. Sie erklärt nicht, warum Jesus gekreuzigt wurde.

Zweitens: Wie kommt es, dass schon in der Kreuzesinschrift „Jesus Naza-
renus Rex Judaeorum", also noch zu Jesu Lebzeiten, Jesus als „König der
Juden" verspottet wird? Der Königstitel bedeutete im jüdischen Umfeld den
„Messiasanspruch", den „Sohn Gottes"-Titel. Wäre die Gottessohnschaft
Jesu erst „nachträglich" von den Evangelisten „eingefügt" worden, wie hätte
dann die Kreuzestafel entstehen können? Dass es die Tafel tatsächlich mit
diesem Wortlaut gegeben hat, ist umso glaubhafter, als sie auf Veranlassung
von Pontius Pilatus, dem römischen Statthalter, angefertigt wurde. *„Pilatus
aber schrieb eine Überschrift und setzte sie auf das Kreuz; und war geschrieben: Jesus von Nazareth, der Juden König ... Und es war geschrieben in hebrä-
ischer, lateinischer und griechischer Sprache. Da sprachen die Hohepriester
der Juden zu Pilatus: Schreibe nicht: Der Juden König, sondern dass er gesagt
habe: Ich bin der Juden König. Pilatus antwortete: Was ich geschrieben habe,
das habe ich geschrieben"* (Joh. 19,19–22). Der Fall Jesu wurde vom Hohen
Rat der Juden nur deshalb Pontius Pilatus vorgetragen, weil nur die Römer
Todesurteile vollstrecken durften. Um Jesus ans Kreuz zu bringen, mussten sie also den Statthalter überzeugen, dass Jesus ein, auch aus römischer
Sicht, todeswürdiges Verbrechen begangen hatte. Gotteslästerung war für
die Römer ein „innerjüdisches, religiöses" Delikt, mit dem sie nichts zu tun
hatten. Deshalb münzte der Hohe Rat die Sache in eine politische Straftat
um. Sie behaupteten, Jesus habe sich als „König der Juden" ausgegeben.
Jetzt aber nicht im religiösen, messianischen Sinne, sondern als weltlicher
König. Das aber war nach damaligem römischen Recht „Hochverrat", der
die Todesstrafe zur Folge hatte. Pontius Pilatus fand jedoch bei Jesu Verhör
schnell heraus, dass dieser sich keineswegs als weltlicher König proklamiert
hatte, der gegen Rom rebelliert. Er fand deshalb, Jesus habe kein todeswürdiges Verbrechen begangen, und wollte ihn freilassen. Der Hohe Rat und
die versammelte Volksmenge verlangten jedoch Jesu Kreuzigung. Diesem
immer heftiger werdenden Drängen gab Pilatus schließlich nach. Es war
damals üblich, dass zum Tode Verurteilten ein Schild umgehängt wurde,
auf dem der Grund für das Urteil angegeben war. Im Fall Jesu wurde dieses
Schild oben am Kreuz angebracht und Pontius Pilatus ließ den ihm von den
Juden genannten Grund, „König der Juden", als das von Jesus begangene

Verbrechen angeben. Auch diese „Geschichte der Kreuzesinschrift" ist ein starker Hinweis darauf, dass Jesus schon zu Lebzeiten als Gottes Sohn auftrat und auch so wahrgenommen wurde.

Drittens: Nach den Evangelien hat Jesus selbst auf seine göttliche Herkunft hingewiesen. Er hat dabei drei auf sich bezogene Formulierungen verwendet: „Der Menschensohn", „Der Sohn" und die „Ich bin es"-Redewendungen. Exegeten stufen die meisten Jesu-Worte nicht als authentisch ein, sondern als ihm nachträglich in den Mund gelegt. Joseph Ratzinger hat die Bibelstellen, in denen diese drei Formulierungen vorkommen, einer eingehenden Analyse unterzogen.[71] Er weist überzeugend nach, dass die meisten Jesu-Worte mit größter Wahrscheinlichkeit tatsächlich von ihm stammen. Auf Einzelheiten dieser brillanten Analyse einzugehen, sprengt den Rahmen dieses Buches. Wer das Thema vertiefen möchte, sei deshalb auf das genannte Werk verwiesen.

Viertens: Wenn Jesus tatsächlich erst „nachträglich", durch seine Auferstehung, von Gott zu Gott „erhöht" wurde, er also zu Lebzeiten ein „normaler Mensch" gewesen wäre, kann die Schlussfolgerung daraus doch nur sein, dass er nicht in „göttlichem Auftrag" zur Welt kam. Er hätte dann zwar ein extrem gottgefälliges Leben geführt, das Gott durch die Auferstehung honorierte. Das hätte jedoch nur für Jesus selbst Bedeutung. Alle anderen Menschen könnten sich ihn zwar als Vorbild nehmen und hoffen, dass auch sie von Gott mit der Auferstehung belohnt werden. Da bisher kein weiterer Fall einer Auferstehung bekannt geworden ist, erscheint das jedoch als ein hoffnungsloses Unterfangen. Die Theorie der nachträglichen „Einsetzung" Jesu als „Gottes Sohn" widerspricht somit der gesamten Botschaft der vier Evangelien und führt zum Zusammenbruch der gesamten christliche Lehre. Denn danach war Jesus als Gottes Sohn, als Gott selbst, von Geburt an in göttlicher Mission auf der Erde.

Zusammenfassend stelle ich fest: Die Exegese konnte nicht überzeugend nachweisen, dass es die Jungfrauengeburt nicht gegeben hat. Einen solchen

Nachweis kann die Exegese auch gar nicht erbringen. Letztendlich ist es eine Glaubensfrage. Es sprechen allerdings mehr Argumente für als gegen die Jungfrauengeburt. Ebenso ist es bei der mit der Jungfrauengeburt eng zusammenhängenden Frage, ob die weiteren biblischen Zeugnisse von Jesu Gottessohnschaft glaubwürdig sind. Das kann uneingeschränkt bejaht werden. Auch insoweit sind die Argumente der Exegeten nicht überzeugend. Ganz im Gegenteil, die historisch gesicherten Tatsachen (Jesus hat tatsächlich gelebt und wurde tatsächlich gekreuzigt) machen nur Sinn, wenn man die Gottessohnschaft Jesu bejaht.

Ein zentraler Punkt der biblischen Botschaft ist somit, dass Jesus wahrhaftig Gottes Sohn ist. Nach dem bisher Gesagten erscheint die Jungfrauengeburt deshalb unabdingbar, denn wie sollte die Gottessohnschaft Jesu sonst zu Stande gekommen sein? Bei genauerem Hinsehen bietet sich jedoch noch eine andere Lösung an:

Die Kirche geht, wie auch ich, davon aus, dass der Mensch aus zwei „Teilen" besteht, dem materiellen Körper und der immateriellen Seele. Durch den körperlichen Zeugungsakt zweier Menschen wird lediglich der materielle Körper gezeugt. Die Seele wurde dagegen von Gott geschaffen und wird mit dem materiellen Körper durch einen uns bisher unbekannten Vorgang verbunden. Die Kirche ist der Auffassung, Gott schaffe bei der Zeugung eines Menschen jeweils eine neue Seele. Ich dagegen bin der Meinung, die Seelen existieren bereits vorher im Jenseits und werden bei der Geburt eines Menschen mit diesem Körper „verkettet". Unabhängig von dieser unterschiedlichen Sichtweise bieten nun beide Auffassungen die gleiche Lösungsmöglichkeit für Jesu Gottessohnschaft auch ohne Jungfrauengeburt. Denn der wesentliche Teil eines Menschen, sein „Ich", ist seine Seele. Die wird jedoch gerade nicht durch den körperlichen Zeugungsakt geschaffen, sondern in jedem Fall von Gott. Wenn nun Jesu Körper durch eine Vereinigung von Maria und Joseph gezeugt wurde und Gott diesem Körper Jesu Seele, sich selbst, hinzugefügt hat, so ist Jesus wahrhaftig Gottes Sohn, obwohl er nicht durch eine Jungfrau zur Welt gebracht wurde. Aus diesem Grund hängt die biblische Botschaft letztendlich doch nicht von der Jungfrauengeburt ab, sondern von der Gottessohnschaft Jesu. Diese ist in jedem Fall gegeben, ob mit oder ohne Jungfrauengeburt.

Der Nachteil dieser Lösungsmöglichkeit liegt darin, dass sich „das Hinzufügen der Seele zum materiellen Körper" „unsichtbar" abspielt. Wie kann man den Menschen dennoch verdeutlichen, dass Jesus tatsächlich Gottes Sohn ist? Da es sich um einen essentiellen Aspekt von Jesu Mission handelt, macht es Sinn anzunehmen, dass Gott sich zur „Glaubhaftmachung" der göttlichen Herkunft Jesu der Jungfrauengeburt bedient hat. Es ist deshalb auch aus diesem Grund *glaubwürdig,* dass sich die Jungfrauengeburt tatsächlich im biologischen Sinne ereignet hat.

Abschließend zu diesem Thema einige Anmerkungen zu den „modernen" Theologen, Exegeten und Wissenschaftlern. Warum soll es eigentlich für den modernen, aufgeklärten und kritischen Menschen so schwer sein, an die Jungfrauengeburt und Jesu Gottessohnschaft zu glauben? Weshalb wird versucht, das intellektuelle Niveau der „Gläubigen" zu diskreditieren und sie als naive, einfältige Menschen hinzustellen? Dabei erstaunt mich, dass sich sogar ansonsten sehr rational und überlegt daherkommende Persönlichkeiten, wie der von mir hochgeschätzte Hoimar von Ditfurth, zu solchen Tiraden hinreißen lassen.[72] Die Gegner der Gottessohnschaft Jesu haben, was die „Beweislage" angeht, kein einziges wirklich überzeugendes Argument für ihre Position. Ich persönlich habe nicht das geringste Problem damit, an die Jungfrauengeburt zu glauben. Wenn ich das Für und Wider kritisch gegeneinander abwäge, erscheinen mir sowohl die Jungfrauengeburt als auch die Gottessohnschaft Jesu als die wahrscheinlicheren, *glaubwürdigeren* Positionen. Das Wesentliche ist jedoch: Wenn man beides als wahr akzeptiert, fügen sich diese Mosaiksteinchen nahtlos in das Gesamtbild der Bibel ein. Es ist alles in sich schlüssig. Auch von daher erscheint es mir rationaler und vernünftiger, daran zu glauben, als es abzulehnen. Dagegen wirkt das, was die „modernen Theologen" wie Küng oder Drewermann in der Folge ihrer ablehnenden Haltung anbieten, reichlich konstruiert und zusammengeschustert. Mit den Aussagen der Bibel hat dann deren Gesamtbild kaum noch etwas zu tun. Einen Eindruck davon vermittelt Küngs bereits erwähntes Buch „Was ich glaube", in dem er seine Theologie zusammenfasst. Lassen Sie sich also nicht verunsichern, wenn ein Diskussionspartner versucht, Sie in die „naive, einfältige Ecke" zu stellen. Sobald er Farbe bekennen und seine ablehnende Position begründen soll, kommt er in weitaus größere Schwierigkeiten als Sie. Fakt ist: Keine Seite kann ihre Position „beweisen". Es geht ausschließlich um eine Glaubensfrage und entsprechend sind beide Positionen völlig legitim.

F 4   Zusammenhang zwischen irdischer Lebenssituation eines Menschen und der Schwere seines „Vergehens" im Jenseits?

Wenn ein Mensch im Vergleich zu einem anderen Menschen in eine schwierigere Lebenssituation hier auf der Erde hineingeboren wird, kann man daraus folgern, dass sein Vergehen im Jenseits schwerwiegender war und deshalb seine „Strafe" hier auf der Erde härter ausfällt? Waren z. B. die Vergehen der Menschen, die in Afrika in größter Armut leben und unter Krankheiten und Hungersnöten leiden, „schlimmer" als die Vergehen derjenigen Menschen, die z. B. in Westeuropa vergleichsweise angenehm leben?

Hinter der Frage steckt allgemein das Theodizee-Problem. Speziell wird hier allerdings nach der Gerechtigkeit Gottes gefragt. Wie kann ein gerechter Gott derart unterschiedliche Lebenssituationen zulassen? In dem von mir vorgestellten System ist das Problem gelöst, vgl. oben unter „D 2.1 Erziehungsmaßnahme ‚Stubenarrest'" und „D 10 Die Lösung des Theodizee-Problems". Unser irdisches Leben ist nicht der Fokus, es ist nur ein Wimpernschlag in unserem ewigen Sein. Gott stellt Gerechtigkeit nicht in dieser kurzen Phase unseres Daseins her, sondern in der Ewigkeit. Wie das funktioniert, können wir nicht erfassen, denn unser Denkschema passt nur zu einer limitierten (Zeit-)Periode und nicht zur Ewigkeit.

Dennoch stellt sich die Frage, ob Gott festlegt, in welche irdische Lebenssituation die Seele während des Stubenarrests hineinversetzt wird. In der Bibel finden wir einen klaren Hinweis, dass die Lebenssituation eines Menschen auf der Erde keinen Rückschluss auf seine Sündhaftigkeit, auf die Schwere seiner Vergehen im Jenseits zulässt. Die konkrete Lebenssituation ist keine Strafe Gottes für irgendein Fehlverhalten. In Joh. 9,1–3 begegnet Jesus einem Blinden, und die Jünger fragen, ob die Blindheit eine Strafe für die Sünden des Blinden selbst oder die seiner Eltern sei. Dass es eine Strafe Gottes für „Sündhaftigkeit", für ein Fehlverhalten ist, steht für die Jünger zweifelsfrei fest. Jesus antwortet jedoch: *„Es hat weder dieser gesündigt, noch seine Eltern ..."* Mit anderen Worten: Seine Blindheit hat nichts damit zu tun, ob er einen guten Lebenswandel führt oder nicht, und auch nichts damit, ob seine Eltern oder andere Vorfahren „Sünder" waren. Die Blindheit ist einfach ein Resultat des materiellen Entwicklungsprozesses des Körpers dieses Menschen. Auf diesen Prozess nimmt Gott keinen Einfluss.

Wie die Auswahl erfolgt, welchem Körper eine Seele hinzugefügt wird, entzieht sich unserer Kenntnis und wird uns auch für alle Zeit verborgen bleiben. Einen Zusammenhang zwischen der Schwere des Vergehens im Jenseits und dem Hineingeborenwerden in eine bestimmte Lebenssituation auf der Erde können wir aufgrund der Aussage Jesu ausschließen. Es sind andere Mechanismen, die hier greifen. Meine Favoriten sind ein Mitsprache-/Entscheidungsrecht der Seelen oder das Zufallsprinzip.

F 5   Gibt es Seelenwanderung?

Die Vorstellung, dass die Seele mehrfach auf die Erde kommt, findet sich in zahlreichen Kulturen und Religionen. So kennt der Hinduismus den ewigen Kreislauf von Geburt, Tod und Wiedergeburt. Ähnlich auch im Buddhismus, wo diesem Kreislauf nur Erleuchtete entkommen, die dann ins Nirwana eingehen. Einer der bekanntesten „Wiedergeborenen" dürfte der Dalai-Lama sein. Im tibetischen Buddhismus wird davon ausgegangen, dass der Dalai-Lama nach seinem Tod jedes Mal neu geboren wird, seine Seele wandert. Stirbt der Dalai-Lama, sucht eine Findungskommission nach einem Kind, in dem der Dalai-Lama wiedergeboren ist. Nachdem z. B. der 13. Dalai-Lama 1933 gestorben war, wurde der aktuelle 14. Dalai-Lama, der buddhistische Mönch Tendzin Gyatsho, geb. 1935, im Alter von zwei Jahren „entdeckt". Nachdem er mehrere Tests bestanden hatte, war die Findungskommission sicher, den Wiedergeborenen gefunden zu haben.

Auch die griechischen Philosophen Pythagoras (570–510 v. Chr.) und Plato (428–348 v. Chr.) waren schon der Meinung, die Seele wandere und komme mehrfach auf die Erde.

Die Kirche lehnt die Idee der Seelenwanderung kategorisch ab.[73] Das ist insofern konsequent, als die Kirche den Glaubenssatz vertritt, die Seele werde von Gott bei der Geburt eines Menschen jeweils neu geschaffen. Das schließt eine Seelenwanderung logischerweise aus. Ist die Auffassung der Kirche über jeden Zweifel erhaben?

In der Bibel finden sich Textstellen, die sich als Hinweise auf die Möglichkeit von Wiedergeburten interpretieren lassen: Mt. 16,13–14, Jesus fragt seine Jünger: *„Wer, sagen die Leute, dass des Menschen Sohn sei? Sie sprachen: Etliche sagen, du seiest Johannes der Täufer; andere, du seiest Elia; wieder andere, du seiest Jeremia oder der Propheten einer."* (Gleicher Inhalt bei Mk. 8,27–28 und Lk. 9,18–19.) Da es sich bei allen von den Jüngern angeführten Personen um bereits Verstorbene handelt, müssen sie offensichtlich von der Möglichkeit einer Wiedergeburt ausgegangen sein.

Nach der Prophezeiung des Propheten Maleachi (Mal. 3,23) sollte der Prophet Elia (870–851 v. Chr.) dem Messias vorausgehen. In Mt. 17,10–13 weisen die Jünger Jesus darauf hin, dass die Schriftgelehrten dieses Argument verwendeten, um nachzuweisen, dass Jesus nicht der Messias sein könne. Jesus antwortet, Elia sei bereits gekommen, er sei nur nicht erkannt worden. *„Da verstanden die Jünger, dass er von Johannes dem Täufer zu ihnen geredet hatte."* Und in Mt. 11,14 sagt Jesus über Johannes den Täufer: *„… und so ihr's wollt annehmen: Er ist der Elia, der da kommen soll."* War Johannes der Täufer also der wiedergeborene Elia?

Es gibt frühchristliche Schriften, die so genannten Apokryphen. Einige dieser Schriften wurden in die katholische Bibel aufgenommen, andere nicht. Luther hat keine davon in die protestantische Bibel übernommen. Bei dem Thomasevangelium handelt es sich um eine solche Schrift, die jedoch in keiner Bibel, auch der katholischen nicht, enthalten ist. Dort heißt es in Vers 84: *Jesus sprach: „Wenn ihr eure Ebenbilder seht, werdet ihr euch denen wieder anschließen. Doch wenn ihr eure Ebenbilder seht, die vor euch existierten, die nicht mehr sterben und sich offenbaren können, wie viel werdet ihr dann ertragen?"* Ein Hinweis auf frühere Existenzen?

Die Bibel und andere frühchristliche Schriften bieten also durchaus eine Basis, Seelenwanderungen als möglich anzunehmen.

Aus meiner Sicht ist der Gedanke an Seelenwanderungen deshalb interessant, weil es möglicherweise die einzige Methode ist, ein Leben nach dem Tod *zu beweisen*. Wenn sich ein Mensch tatsächlich an *überprüfbare* Details eines früheren Lebens erinnert, dann wäre damit bewiesen, dass mit dem Tod nicht alles zu Ende ist. Voraussetzung ist, dass die „Erinnerungen" tatsächlich aus dem früheren Leben und nicht aus anderen Quellen herrühren. Ob das so ist, darüber streiten sich die Experten.

Insbesondere die häufig praktizierte Methode der hypnotischen Rückführung in ein früheres Leben bietet zahlreiche Angriffspunkte. Der Psychiater Dr. Ian Stevenson (1918–2007) gilt als der Begründer der Reinkarnationsforschung. Er hat mehrere Bücher veröffentlicht und er beschreitet bei seiner Arbeit einen völlig anderen Weg als den der hypnotischen Rückführung. Er untersucht und dokumentiert Fälle von Kindern, die sich **ohne Hypnose**, typischerweise im Alter zwischen zwei und vier Jahren, spontan an Dinge erinnern, von denen sie aufgrund ihres gegenwärtigen Lebens nichts wissen können. Nachprüfungen haben ergeben, dass die Erinnerungen mit Details aus dem Leben eines anderen, bereits verstorbenen Menschen übereinstimmten. Als Antwort auf seine Kritiker, die ihm z. B. vorwarfen, suggestiv auf die Kinder eingewirkt oder deren Aussagen falsch interpretiert zu haben, veröffentlichte er sein Buch „Reincarnation and Biology". Darin versucht er, derartige Fehlerquellen dadurch zu eliminieren, dass er die Wiedergeburtsthese hauptsächlich auf körperliche Merkmale der „Wiedergeborenen" stützt. In seinem Buch „Reinkarnation"[74] beschreibt er 20 Fälle von angeblichen Wiedergeburten, die aus seiner Sicht wissenschaftlich belegt sind. Stevenson geht dabei ausführlich auf jedes nur denkbare kritische Argument ein, warum es sich nicht um Reinkarnationen, sondern um andere, natürlich zu erklärende Phänomene handeln könnte. Seine Argumente „pro" Reinkarnation sind stark. Wo Restzweifel bleiben, leugnet er diese nicht. Die einzelnen Fälle sind zudem extrem detailliert recherchiert und dokumentiert. Dennoch hat Stevenson selbst die Ergebnisse seiner Forschungen nie als „Beweise" für Reinkarnationen bezeichnet, sondern lediglich als Hinweise, die Reinkarnationen nahelegen.

In dem von mir vorgestellten System sind Seelenwanderungen denkbar. Unser Aufenthalt auf der Erde ist ein „Stubenarrest" wegen einer Verfehlung im Jenseits. Da wir im Jenseits ewig leben, kann es naturgemäß vorkommen, dass es zu weiteren Verfehlungen kommt und dann als Strafe ein erneuter „Stubenarrest" in der materiellen Welt verhängt wird. Wichtig ist, dass mehrere Aufenthalte auf der Erde lediglich **möglich**, jedoch keine Kernthese des von mir vorgestellten Systems sind. Nicht jede Seele muss notwendigerweise mehrmals auf der Erde gelebt haben. Damit unterscheidet sich mein Ansatz deutlich vom Hinduismus und Buddhismus, wo die ständige Wiedergeburt ein Herzstück der Religion ist. Ohne Reinkarnation bricht bei diesen Religionen das gesamte Gebäude zusammen. Für meinen Ansatz ist Reinkarnation kein wesentlicher Baustein, sondern lediglich eine nicht ohne Weiteres von der Hand zu weisende Möglichkeit, die völlig in das System passt. Zudem finden sich eben in der Bibel Hinweise, dass Reinkarnation möglich sein könnte.

Fundstellen

(1) Katechismus der Katholischen Kirche, Kompendium, Pattloch Verlag München, 2005, Frage 72, S. 50

(2) Katechismus der Katholischen Kirche, ebenda, Frage 76, S. 51

(3) H. Küng, Credo, Piper Verlag München, 1992, S. 121

(4) S. Hawking & L. Mlodinow, Der große Entwurf, Rowohlt Taschenbuch Verlag Reinbek, 2011, S. 15

(5) S. Hawking, ebenda, S. 136, 137 und 177

(6.) H. von Ditfurth, Wir sind nicht nur von dieser Welt, 3. Auflage, dtv München,1986, S. 294

(7) A. Rust, Urreligiöses Verhalten und Opferbrauchtum des eiszeitlichen Homo sapiens, Wachholtz Verlag, Neumünster, 1974

(8) W. Pannenberg, Wie kann heute glaubwürdig von Gott geredet werden?, auf www.dober.de/religionskritik/pannenb.html

(9) J. Ratzinger, Jesus von Nazareth, Band I, Herder Verlag, Freiburg, 2007,Vorwort, besonders S. 12, 14–15, 20–22

(10) A. Englisch, Gottes Spuren, 2. Auflage, Wilhelm Goldmann Verlag, München, 2008, S. 161

(11) A.Resch, Die Wunder von Lourdes, Resch Verlag, Innsbruck, 2009

(12) H. von Ditfurth, Wir sind nicht nur von dieser Welt, ebenda, S. 163/164

(13) L. Ott, Grundriss der katholischen Dogmatik, 11. Auflage,Verlag nova & vetera, Bonn, S. 134–136

(14) L. Ott, ebenda, S. 135–136

(15) V. Mancuso, Die Seele und ihr Schicksal, Kösel-Verlag München, 2013, S. 67

(16) Vgl. zu dem gesamten Komplex: L. Ott, ebenda, S. 151–160

(17) Vgl. L. Ott, ebenda, S. 148 ff.

(18) J. Neuner-H. Roos, Der Glaube der Kirche, 13. Auflage, Verlag Friedrich Pustet Regensburg, 1971, S. 200, Randziffern 325 und 326

(19) L. Ott, ebenda, S. 151 ff.

(20) Vgl. L. Ott, ebenda, S. 151/152

(21) H. von Ditfurth, Im Anfang war der Wasserstoff, Droemer Knaur Verlag, 1972, S. 176

(22) H. von Ditfurth, Der Geist fiel nicht vom Himmel, Deutscher Taschenbuch Verlag, München,1980, S. 318

(23) H Küng, Ewiges Leben?, 11. Auflage, Piper Verlag, München, S. 142 ff., insbes. S. 144

(24) L. Ott, ebenda, S. 154

(25) Katechismus der Katholischen Kirche, ebenda, z. B. Fragen 69, 70, 203, 205

(26) H Küng, Ewiges Leben?, ebenda, S. 178

(27) Zeitschrift „Gehirn & Geist", Heft 6/2004, S. 33

(28) F. Crick, Was die Seele wirklich ist. Die naturwissenschaftliche Erforschung des Bewusstseins,Verlag Artemis & Winkler, München, 1994, S. 17

(29) K. Popper und J. C. Eccles, Das Ich und sein Gehirn, Piper Verlag, München, 1982

(30) J. C. Eccles, Wie das Selbst sein Gehirn steuert, Piper Verlag München, 1996

(31) F. Jackson, What Mary didn't know, Journal of Philosophy, Volume 83, Mai 1986, S. 291–295

(32) V. Hösle, Interview in Frankfurter Allgemeine Sonntagszeitung, Nr. 4 vom 29.1.17, Seiten 60–61, hier Seite 60

(33) J: C. Eccles, Die Psyche des Menschen, Piper Verlag, München, 1990, S. 39

(34) E. Schockenhoff, Wer oder was handelt? In G. Rager (Hrsg.), Ich und mein Gehirn: persönliches Erleben, verantwortliches Handeln und objektive Wissenschaft, Karl Alber Verlag, München, 2000, S. 241 und 256 ff.

(35) K. Popper, Objektive Erkenntnis. Ein evolutionärer Entwurf, 4. Auflage, Hoffmann & Campe Verlag, Hamburg, 1984, S. 233

(36) Katechismus der Katholischen Kirche, ebenda, Frage 205, S. 82

(37) Katechismus der Katholischen Kirche, ebenda, Fragen 135, S. 66, 207–212, S. 83/84

(38) L. Ott, ebenda, S. 641–642

(39) Katechismus der Katholischen Kirche, ebenda, Fragen 208–211, S. 83/84

(40) L. Ott, ebenda, S. 641–655

(41) C. H. Sunier 2014/10 im Internet unter „chsunier.de/Evangelium", 3. Der biblische Ewigkeitsbegriff

(42) W. Gaßler, EL Ola'm – der König der Äonen, im Internet unter www. bibelthemen.eu/gassler/el-olam.pdf

(43) H. Langenberg, Biblische Begriffskonkordanz, Franz Verlag, Metzingen, 2003

(44) Katechismus der katholischen Kirche, ebenda, Frage 67, S. 49

(45) H. Küng, Was ich glaube, 2. Auflage, Piper Verlag, 2009, S. 95–124

(46) H. Küng, Was ich glaube, ebenda, S. 124

(47) Katechismus der Katholischen Kirche, ebenda, Frage 76, S. 51

(48) J. Neuner-H. Roos, Der Glaube der Kirche, ebenda, S. 220–232

(49) L. Ott, ebenda, S. 260 ff.

(50) K.-P. Jörns, Notwendige Abschiede, Gütersloher Verlagshaus, Gütersloh, 2010, besonders S. 322–324

(51) K.-P. Jörns, Warum musste Jesus sterben? In Deutsches Pfarrerblatt – Heft 3/2010, Zur Debatte um den Sühnetod Jesu

(52) J. Ratzinger, Jesus von Nazareth, Band II, Herder Verlag, Freiburg, 2011, S. 254–264

(53) J: Ratzinger, Jesus von Nazareth, Band II, ebenda, S. 256

(54) J: Ratzinger, Jesus von Nazareth, Band II, ebenda, S. 264

(55) Vgl. z. B. E. Biser, Einweisung ins Christentum,Patmos Verlag, Düsseldorf, 1997

(56) H. Küng, Credo, ebenda, S. 87

(57) J: Ratzinger, Jesus von Nazareth, Band II, ebenda, S. 257

(58) z. B. H. Küng, Jesus,, Piper Verlag, München, 2012, S. 239–259

(59) H. Küng, Jesus, ebenda, S. 239 und 241

(60) H. Küng, Existiert Gott?, Piper Verlag, München, 1978, S. 713

(61) Interview in der Wochenzeitung „Christ & Welt", Ausgabe 19, 2012

(62) I. Glomp, Spontanremissionen bei Krebserkrankungen: Das Phänomen der unerwarteten Genesung, in: Dtsch. Ärzteblatt, 1997

(63) H. Küng, Credo, ebenda, S. 65/66

(64) H. Küng, Credo, ebenda, S. 63

(65) H. Küng, Credo, ebenda, S. 64

(66) J. Ratzinger, Jesus von Nazareth, Prolog, Herder Verlag, Freiburg, 2012, besonders S. 60–65

(67) L. Ott, ebenda, S. 197

(68) E. Drewermann, Spiegel-Interview, Heft 52/1991

(69) H. Küng, Credo, ebenda, S. 82

(70) H. Küng, Credo, ebenda, S. 82 und 84

(71) J. Ratzinger, Jesus von Nazareth, Band I, ebenda, S. 368–407

(72) H. von Ditfurth, Innenansichten eines Artgenossen, Claassen Verlag, Düsseldorf, 1989, S. 424/425

(73) L. Ott, ebenda, S. 641–642

(74) I. Stevenson, Reinkarnation. Der Mensch im Wandel von Tod und Wiedergeburt, Aurum Verlag, 2003

Quellennachweise

Alt, Franz, Frieden ist möglich, 1983, Piper Verlag, München

Biser, Eugen, Einweisung ins Christentum, 1997, Patmos Verlag, Düsseldorf

Bojowald, Martin, Zurück vor den Urknall, 3. Auflage 2012, Fischer Taschenbuch Verlag, Frankfurt/M.

Bromand, Joachim, und Kreis, Guido, Gottesbeweise, 2013, Suhrkamp Verlag, Berlin

Die Bibel nach der Übersetzung Martin Luthers, 1972, Württembergische Bibelanstalt Stuttgart

Die Bibel mit Apokryphen nach der Übersetzung Martin Luthers, 1999, Deutsche Bibelgesellschaft, Stuttgart

Eagleman, David, The Brain, 2017, Pantheon Verlag, München

Eccles, John C., und Robinson, Daniel N., Das Wunder des Menschseins – Gehirn und Geist, 1985, Piper Verlag, München

Eccles, John C., Die Psyche des Menschen, 1990, Piper Verlag, München

Englisch, Andreas, Gottes Spuren, 2008, Goldmann Verlag, München

Evangelischer Taschen Katechismus, 2012, CMZ-Verlag, Rheinbach

Gassen, Hans Günter, Das Gehirn, 2008, Primus Verlag, Darmstadt

Geissler, Heiner, Kann man noch Christ sein, wenn man an Gott zweifeln muss?, 2017, Ullstein Buchverlage, Berlin

Goller, Hans, Das Rätsel von Körper und Geist, 2003, Primus Verlag, Darmstadt

Große Konkordanz zur Lutherbibel, 2001, Calwer Verlag, Stuttgart

Haber, Heinz, Die Zeit, 1989, Knaur Verlag, München

Hawking, Stephen, Die kürzeste Geschichte der Zeit, 2005, Rowohlt Verlag, Reinbek

Hawking, Stephen, Anfang oder Ende?,1991, Heyne Verlag, München

Hawking Stephen & Mlodinow Leonard, Der große Entwurf, 2011, Rowohlt Taschenbuch Verlag, Reinbek

Hierzenberger, Gottfried, und Nedomansky, Otto, Erscheinungen und

Botschaften der Gottesmutter Maria, 2003, Verlagsgruppe Weltbild, Augsburg

Jörns, Klaus-Peter, Notwendige Abschiede, 2010, Gütersloher Verlagshaus, Gütersloh

Jörns, Klaus-Peter, Update für den Glauben, 2012, Gütersloher Verlagshaus, Gütersloh

Jörns, Klaus-Peter, Lässt Gott leiden?, 2013, Gütersloher Verlagshaus, Gütersloh

Katechismus der Katholischen Kirche, 2005, Pattloch Verlag, München

Kreiner, Armin, Gott und das Leid, 1994, Bonifatius Verlag, Paderborn

Küng, Hans, Ewiges Leben?, 1984, Piper Verlag, München

Küng, Hans, Existiert Gott?, 1995, Piper Verlag, München

Küng, Hans, Credo, 1995, Piper Verlag, München

Küng, Hans, Der Anfang aller Dinge, 2006, Piper Verlag, München

Küng, Hans, Ist die Kirche noch zu retten?, Aktualisierte Taschenbuchausgabe 2012, Piper Verlag, München

Küng, Hans, Was ich glaube, 2009, Piper Verlag, München

Küng, Hans, Jesus, 2013, Piper Verlag, München

Mancuso, Vito, Die Seele und ihr Schicksal, 2013, Kösel-Verlag, München

Mania, Hubert (Hg.), Das große Stephen Hawking Lesebuch, 2003, Rowohlt Verlag, Reinbek

Marti, Kurt, Die gesellige Gottheit, 2010, Radius Verlag, Stuttgart

Marti, Kurt, Von der Weltleidenschaft Gottes, 2011, Radius Verlag, Stuttgart

Neuner, J., Roos, H., Der Glaube der Kirche, 13. Auflage, 2009, Pustet Verlag, München

Nietzsche, Friedrich, Der Antichrist, Insel Verlag, Berlin, 17. Auflage 2009

Ott, Ludwig, Grundriss der katholischen Dogmatik, 2010, nova & vetera Verlag, Bonn

Paturi, Felix R., Phänomene des Übersinnlichen, 2002, Orbis Verlag, Niedernhausen

Popper, Karl R., Objektive Erkenntnis, 1993, Paperback, Hoffmann und Campe Verlag

Popper, K., und Eccles, J. C., Das Ich und sein Gehirn, 1982, München, Piper Verlag

Ratzinger, Joseph, Jesus von Nazareth, Prolog, 2014, Herder Verlag, Freiburg

Ratzinger, Joseph, Jesus von Nazareth, Bd. 1, 2007, Herder Verlag, Freiburg

Ratzinger, Joseph, Jesus von Nazareth, Bd. 2, 2011, Herder Verlag, Freiburg

Statistiken vom Kirchenamt der EKD und der Deutschen Bischofskonferenz, jeweils Referat Statistiken

Stevenson, Ian, Reinkarnation, 2003, Aurum in Kamphaus Verlag, Bielefeld

Terhart, Franjo, Jenseitswelten, Parragon Books Ltd., England

Tipler, Frank J., Die Physik der Unsterblichkeit, 1994, Piper Verlag, München

Tworuschka, M. und U., Religionen der Welt, 1992, Bertelsmann Lexikon Verlag GmbH

von Ditfurth, Hoimar, Im Anfang war der Wasserstoff, 1975, Droemer Knaur Verlag, München

von Ditfurth, Hoimar, Der Geist fiel nicht vom Himmel, 1980, dtv, München

von Ditfurth, Hoimar, Wir sind nicht nur von dieser Welt, 1984, dtv, München

von Ditfurth, Hoimar, Unbegreifliche Realität, 1990, Droemer Knaur Verlag, München

von Ditfurth, Hoimar, So laßt uns denn ein Apfelbäumchen pflanzen, 1988,Droemer Knaur Verlag, München

von Ditfurth, Hoimar, Innenansichten eines Artgenossen, 1989, Claassen Verlag, Düsseldorf

von Ditfurth, Hoimar, Das Gespräch, 1990, Claassen Verlag, Düsseldorf

von Ditfurth, Hoimar, und Arzt, Volker, Dimensionen des Lebens,1977, dtv Verlag, München

Zahrnt, Heinz, Wie kann Gott das zulassen?, 1988, Piper Verlag, München

Zink, Jörg, Zwölf Nächte, 2009, Verlag am Eschbach, Eschbach

Internetseiten (Stand Oktober 2017)

Wikipedia, Stichwort „Gottesbeweis"
www.academia.edu/der ontologische gottesbeweis
www.mindpicnic.de/cardbox/geschichte-der-gottesbeweise
http/archiv.sicetnon.org/artikel/historie/nele.htm
http://www.kath.de/lexikon/philosophie_theologie/ontologischer_gottesbeweis.php
kath-zdw.ch
de.wikipedia.org/wiki/seele

Abkürzungen der zitierten biblischen Bücher

Das Alte Testament

1. Mo. . . . . . . 1. Buch Mose (Genesis)
2. Mo. . . . . . . 2. Buch Mose (Exodus)
5. Mo. . . . . . . 5. Buch Mose (Deuteronomium)
1. Sam. . . . . . Das 1. Buch Samuel
2. Sam. . . . . . Das 2. Buch Samuel
1. Chr. . . . . . . Das 1. Buch der Chronik
2. Chr. . . . . . . Das 2. Buch der Chronik
Ps. . . . . Die Psalmen (Psalter)
Spr. . . . . Das Buch der Sprichwörter (Die Sprüche Salomos)
Jes. . . . . Der Prophet Jesaja
Jer. . . . . Der Prophet Jeremia
Klgl. . . . . Die Klagelieder Jeremias
Hos. . . . . Der Prophet Hosea

Mal . . . . Der Prophet Maleachi

Das Neue Testament